ライブラリ 経済学15講 BASIC編 ⑨

計量経済学 15講

小巻 泰之
山澤 成康
共著

Fifteen Lectures on Econometrics

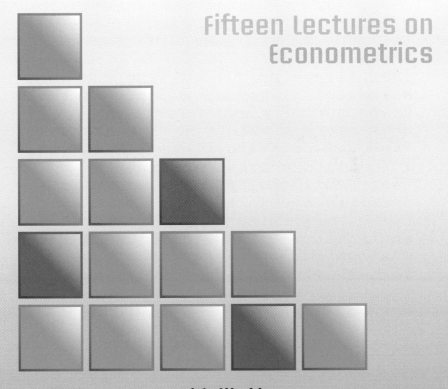

新世社

編者のことば

　『ライブラリ 経済学15講』は，各巻は独立であるものの，全体として経済学の主要な分野をカバーする入門書の体系であり，通年2学期制をとる多くの大学の経済学部やそれに準じた学部の経済学専攻コースにおいて，いずれも半学期15回の講義数に合わせた内容のライブラリ（図書シリーズ）となっている。近年では通年4学期のクォーター制をとる大学も増えてきているが，その場合には，15講は講義数を強調するものではなく，講義範囲の目安となるものと理解されたい。

　私が大学生のころは，入学後の2年間は必修となる語学や一般教養科目が中心であり，専門科目としての経済学は，早目に設置・配当する大学においても，ようやく2年次の後半学期に選択必修としての基礎科目群が導入されるというカリキュラムだった。一般教養科目の制約が薄れた近年は，多くの大学では1年次から入門レベルの専門科目が開講されており，学年進行に合わせて，必修科目，選択必修科目，選択科目といった科目群の指定も行われるようになった。

　系統だったカリキュラムにおいて，本ライブラリは各巻とも入門レベルの内容を目指している。ミクロ経済学とマクロ経済学の基本科目，そして財政学や金融論などの主要科目は，通常は半学期15回で十分なわけではなく，その2倍，3倍の授業数が必要なものもあろう。そうした科目では，本ライブラリの内容は講義の骨格部分を形成するものであり，実際の講義の展開によって，さまざまに肉付けがなされるものと想定している。

　本ライブラリは大学での講義を意識したものであるのは当然であるが，それにとどまるものでもないと考えている。経済学を学んで社会に出られたビジネスパーソンの方々などが，大学での講義を思い出して再勉強する際には最良の復習書となるであろう。公務員試験や経済学検定試験（ERE）などの資格試験の受験の際にも，コンパクトで有効なよすがになると期待している。また，高校生や経済学の初心者の方々には，本ライブラリの各巻を読破することにより，それぞれの分野を俯瞰し，大まかに把握する手助けになると確信している。

　このほかの活用法も含めて，本ライブラリが数多くの読者にとって，真に待望の書とならんことを心より祈念するものである。

　　　　　　　　　　　　　　　　　　　　　　　　　　　浅子　和美

はしがき

　計量経済学では，経済理論から導かれるモデルをもとに，適切な経済統計データを選び，統計学の手法を用いて，現実経済との妥当性を含めて，モデルを評価します。このように経済活動を定量的に分析するためには計量経済学の手法の理解と同時に経済理論，統計学及びデータ（統計数値）に関する多くの知識が必要となります。

　従前の計量経済学の教科書と異なり，本書では分析手法の解説にとどまらず，データについてやや詳しく解説します。それはデータが怖いものだからです。データには有無を言わせぬ客観性があります。経済分析に限らず，いろいろな意思決定において，統計数値の果たす役割は大きなものとなっています。たとえば，2015年10月に消費税率は10％に引き上げられる予定でしたが，経済活動の悪化を示すGDP（国内総生産）のデータをもとに延期されています。延期を決定したのは2014年11月ですが，当時はGDPが2014年4-6月期，7-9月期と2四半期連続でマイナス成長となっていたので，多くの方が納得されたと思います。
　一方で，「嘘つきは数字を使う」という言葉があります。データは客観性を持つため，それを示されると反証するのが難しいことからきています。経済の分析において，定量的に推定されたデータも同様です。計量モデルの工夫，推定期間の変更，数値の加工方法等により，結果ありきの答え（データ）を導き出すことは現実には可能です。たとえば，公共工事を実施した場合の経済における波及効果を示す財政支出乗数です。内閣府モデル（2015）では「実質GDP 1％相当分の公共投資は実質GDPを1年目に1.14％程度拡大」とされています。また，民間調査機関の推定でもほぼ同じレベルです。しかし，このデータは正しいのでしょうか。分析者はマクロモデルの作成の中で，モデルの精度を測る目途として財政支出乗数が1.1程度になるまで調

i

整する等しており，本当の経済構造を測るというより，結果ありきで数字を合わせる作業がされている場合もあります。

あるいは，現実の経済活動と経済理論が想定するモデルとの間にかい離が生じる場合があります。たとえば，設備投資関数を推定する場合の実質金利の効果です。標準的なマクロ経済学では資金調達コストの代理変数である実質金利はマイナスの符号であることが期待されますが，実際に推定すると符号がプラスになるなど，なかなか推定が難しいことがあります。

このように，現実経済を定量的に計測するのは難しいものです。私たちは，背後にある問題をふまえ真摯な態度でデータに向かう必要があります。

本書の特徴

本書は2部構成となっています。第Ⅰ部は基礎的なことがらを扱い，第Ⅱ部ではより実践的な内容を扱います。また，各講とも1回の授業でこなせる分量で，実際のデータを用いた演習問題を含めるようにしています。

第Ⅰ部では，消費関数の推定を通じて計量経済学の基本的な事項をマスターできるように構成しています。その中で，特に，データについてもより詳しくみていきたいと思います。推定に利用するデータがどのような特性を持っているものなのかを知らずして，難しい経済モデルを用いても意味がないからです。また，統計学の基礎的な知識についても，随時紹介します。

具体的には，第1講から第8講にかけて2014年4月の消費増税以降の日本経済の低迷状況をみたうえで，どのようなデータが必要なのか，またどのようなモデルを用いるのか，そして推定結果をどのように判断すべきなのかについて，順を追って解説しています。特に，データが実際にどのように計算されるのかを，Excelの表をもとに解説し，理解を確実なものとするようにしています（なお，本書ではExcelのバージョンは2016を使用しています。また，本書で推定に用いているデータは，新世社ウェブサイトの本書サポートページよりダウンロードできるようになっています）。また，統計学の知識についても「不偏分散」が用いられる理由やその算出で，なぜ$n-1$で割るのかなどを説明しました。

第Ⅱ部では2つ以上の説明変数を用いた重回帰分析と時系列分析について

解説しています。その中での特徴は，読者がゼミなどですぐに利用できるような実例も含めた形で構成されていることです。類書においても実際の活用を意図した形で構成されていますが，本書では，実際に実証分析をする際に，つまずきやすい点についてできる限りの解説を加えています。

具体的には，第9講は単回帰から重回帰分析への導入となります。実際に推定しようとする際に困るのが，経済理論に基づき変数を選択したところ，推定が思うようにいかない場合です。まず，説明変数が十分であるかどうかを考えます。そこで，第9講では実際に変数が不足している場合，増加させた場合どのような影響が出るのかを，家賃を推定するモデルで確認をしています。

また，選んだ説明変数は問題がなさそうであるのに，実際に推定すると結果が良くない場合もあります。たとえば，所得変数としてGDPを用いる場合，そのまま実額を単純に用いても問題がない場合がある一方，実額ではなく一人当たりのGDPを用いた方が良い場合があります。その点についてオリンピックの金メダル獲得国と所得の関係（第10講），スターバックスコーヒーの店舗数と県民所得の関係（第12講）で実例を示しています。

また，分析対象にいろいろな属性が含まれている場合にはどうすべきでしょうか。第11講では男女が混合したデータを用いた場合に，ダミー変数を用いないで推定した場合とダミー変数を用いた場合に男女の性差の影響を抽出させた結果の比較を確認しています。

第13講では，係数制約が妥当かどうかの検定など，第7講で解説した仮説検定の応用例について解説します。また，最小二乗法を利用した説明変数の予測方法についても解説しています。モデルから現実の経済を推定し，そこから将来像を予測することも計量経済分析における最終的な目標になっています。

第14講では時系列分析の基礎的な事項について解説されています。実際，円相場の予測では時系列モデルを利用して行われる場合が多く，ここでも時系列モデルによる予測の結果が示されています。

最後に，大学生に人気の高いディズニーランドの分析事例が示されています。実際に，分析を深めていく中で必要な手順や考え方を模倣する形で，い

ろいろな経済事象が分析可能になるのではないでしょうか。

なお付録として,「データの入手法」,「Excel によるグラフの描き方」,「よく使う Excel のデータ処理」を付けました。卒論などの論文では,グラフを適切に描くことで説得力が増しますが,「きれいなグラフはどうすれば描けるのか」という基本的なことを説明している書物は少ないように思います。この付録は,筆者のこれまでの講義経験を通じて得られた Excel 操作の勘所を集めたもので,計量経済学を使った論文作成に役立つと思います。

本書は,立正大学の浅子和美教授(一橋大学名誉教授)より,お話をいただき成ったものです。実証分析を行ってきた筆者2名で,前述のように類書とは異なる視点で執筆を進めてきました。インターネットの普及によりデータが簡単に入手できるようになり,Excel に組み込まれたツールによって,容易に実証的な分析ができるようになりましたが,本書で示すように,分析はデータの属性を理解した上で進める必要があります。また,Excel による分析結果には推定の適否が判断できる決定係数,t 値などの統計量が記載されています。こうしたポイントをきちんと理解した上で,計量的な分析を始めてほしいとの考えから,本書は作られています。

まずは,データを入手して,分析を実施してみてください。とんでもない結果が出ることもあるかもしれませんが,データの加工方法や分析に用いたデータが適切なものであるか,あるいはモデルや定式化そのものが間違っているのかなどを考え,いろいろとチェックをしていく中で,経済の動きが数字として表現されている面白さを感じられるのではないでしょうか。本書がその一助となればと思っています。

2018 年 1 月

小巻泰之・山澤成康

目　次

第 I 部　入門の入門──経済活動の間の因果関係を見出す

第 1 講　経済を定量的に分析してみよう　2

- 1.1　分析したい事象を眺めてみよう──3
- 1.2　簡便なモデルから始めよう──5
- 1.3　利用するデータを選択しよう──8
- 1.4　モデルを推定してみよう──9
- 1.5　推定が適切だったか検討しよう──10
- 1.6　気を付けることも多い──11

第 2 講　分析に用いるデータの信頼性を考える　15

- 2.1　選び出されたデータの代表性を検討する──15
- 2.2　正規分布の仮定──23
- 2.3　標本調査のデータは知りたいデータとなっているのか──24
- 2.4　異なる環境でのデータの比較について──26

Active Learning──28
　　重要事項のチェック／調べてみよう／Exercises
文献紹介──29

第3講 分析に用いるデータをどのように利用するのか　30

3.1　経済分析で必要な情報とは何か ────── 30
3.2　データの加工方法 ────── 35
3.3　名目と実質 ────── 38
3.4　経 済 指 数 ────── 40

Active Learning ──── 41

　重要事項のチェック／調べてみよう／Exercises

文献紹介 ──── 42

第4講 データ間の関係　43

4.1　共 分 散 ────── 43
4.2　相 関 関 係 ────── 45
4.3　相関関係の問題点 ────── 49
4.4　時間的な因果関係 ────── 51

Active Learning ──── 51

　重要事項のチェック／調べてみよう／Exercises

文献紹介 ──── 52

第5講 回帰分析とは何か　53

5.1　単回帰モデルとは何か ────── 53
5.2　Excel を用いた単回帰分析 ────── 58
5.3　Excel による単回帰分析の結果の評価 ────── 63

Active Learning ──── 64

　重要事項のチェック／調べてみよう／Exercises

文献紹介 ──── 65

第6講　推定結果の評価：Excelの推定結果表の見方　　66

- 6.1　決 定 係 数 ── 66
- 6.2　自由度修正済決定係数 ── 69
- 6.3　Excelの表計算シートを用いた決定係数の計算 ── 70
- 6.4　標 準 誤 差 ── 71
- 6.5　t 値（t-value） ── 72
- 6.6　p 値（p-value）と有意水準 ── 77
- 6.7　上限・下限（信頼区間） ── 78

Active Learning ── 78
　　重要事項のチェック／調べてみよう／Exercises

文献紹介 ── 79

第7講　仮 説 検 定　　80

- 7.1　誤差をどのように捉えるのか ── 80
- 7.2　仮説の検定 ── 83
- 7.3　系列相関の問題点 ── 85
- 7.4　回帰係数がゼロの検定（F検定） ── 86
- 7.5　構造変化テスト（F検定の利用） ── 88

Active Learning ── 89
　　重要事項のチェック／調べてみよう／Exercises

第8講　消費関数の推定と予測　　91

- 8.1　消費関数の推定と評価 ── 91
- 8.2　消費関数を用いた予測 ── 95
- 8.3　構造変化のテスト ── 99

Active Learning ── 101
　　重要事項のチェック／調べてみよう／Exercises

第 II 部　実践的に世の中を分析してみる

第 9 講　重回帰分析　　104

9.1　説明変数が複数ある場合の回帰分析　　104
9.2　家賃の推定に応用してみよう　　107
Active Learning　　116
重要事項のチェック／Exercises
文献紹介　　117

第 10 講　推定モデルの作り方　　118

10.1　X と Y の関係はさまざまな形がある　　118
10.2　見せかけの相関　　124
10.3　多重共線性　　126
Active Learning　　132
重要事項のチェック／Exercises
文献紹介　　133

第 11 講　ダミー変数，トレンド変数，ラグ変数　　134

11.1　ダミー変数とは　　135
11.2　季節ダミー変数，トレンド変数，ラグ変数　　140
Active Learning　　146
重要事項のチェック／Exercises

第 12 講　最小二乗法のバリエーション　　148

12.1　最小二乗法の仮定　　148
12.2　不均一分散　　149
12.3　誤差の系列相関　　153
12.4　内生性の問題　　155
Active Learning　　157
重要事項のチェック／Exercises
文献紹介　　157

第13講　仮説検定と予測　　158

- 13.1　仮説検定とは ———————— 158
- 13.2　検定の使い方 ———————— 161
- 13.3　予測の考え方 ———————— 164

Active Learning ———— 170

　　重要事項のチェック／Exercises

文献紹介 ———— 170

第14講　時系列分析　　171

- 14.1　時系列分析とは ———————— 171
- 14.2　ARモデルの応用 ———————— 178

Active Learning ———— 180

　　重要事項のチェック／Exercises

文献紹介 ———— 180

第15講　演　習：テーマパークの入場者数の推定　　181

- 15.1　ディズニーランド入場者を予測 ———————— 181
- 15.2　黒字になるための最低限の入場者数は？ ———————— 188

Active Learning ———— 192

　　Exercises

文献紹介 ———— 192

付　録

1. データの入手法　　193
2. Excel によるグラフの描き方　　195
3. よく使う Excel のデータ処理　　198

索　引　208

本書の解説で用いた Excel ファイルは，下記の新世社ウェブサイト内の「サポートページ」からダウンロードできます。また，各講末の Exercises の解答もそちらに掲載しております。

　　　　　新世社ウェブサイト　http://www.saiensu.co.jp

Excel（Microsoft Excel）と Word（Microsoft Word）は，米国 Microsoft Corporation の登録商標です。
本書では，® と ™ は明記していません。

第I部

入門の入門

―経済活動の間の因果関係を見出す―

第1講 経済を定量的に分析してみよう

■計量経済学とは，経済活動を数値的に明らかにする（定量化あるいは計量化するといいます）学問です。具体的には，経済理論に基づいて作成されたモデルを，経済データを用いて統計学的に推定・検定し，経済行動を分析・評価します。その上で，こうした結果をもとに，より正確に将来の動きを予測します。

　もっとも，現実の経済活動を定量化することは容易なことではありません。なぜならば，分析対象の経済活動は複雑であり，その中から因果関係を抽出するのは簡単ではないからです。消費や投資などの種々の経済諸変数は複雑かつ密接に絡み合い互いに影響を与え合っています（相互依存関係といいます）。しかも変数間で影響を及ぼす経路は複数あり，因果関係については必ずしも一方向ではなく双方向となる可能性があります。

　ここでは，具体例（消費税増税のケース）をもとに，計量経済学による経済活動の分析の手順についてみてみましょう。

　具体的な手順は以下のようになります。

定量化の分析手順

1. 分析対象を選び，その動きを図や表を通じて眺める。その中から，分析したいことを決定する。

2. どの経済モデルが適しているかを検討する。

3. 分析に必要なデータを集め，データの特性を検討する。場合によってはデータを加工する。

4. モデルを推定する。

5. モデルの結果が適切であるかを統計学的に検定する。

6. 推定されたモデルをもとに，これまでの経済政策等の効果を評価する。あるいは，将来の状況について予測する。

1.1　分析したい事象を眺めてみよう

　まず，経済的な現象について何を分析するのか，分析対象を明確にして，それを説明するのに適した**経済モデル**をみつけることから始めます。

　たとえば，消費税増税による消費の低迷の原因を探ることを目的としましょう。そのためには，消費税増税により経済活動がどのような推移を辿ったかを確認する必要があります。

■ 現実の経済は複雑な動きを示す

　2014年4月に消費税率が5％から8％に引き上げられました。ここではそれが個人消費にどのような影響を与えたか，考えてみます。内閣府の発表する景気動向指数によると，2017年時点では景気は拡張期にありますが，消費者には景気の回復感の乏しい状況が続いているともいわれています。ここで参考となるのが，過去の似たような状況です。1997年4月に消費税率が3％から5％に引き上げられたときには駆け込み需要，及びその反動による需要減等の影響が当初の想定を超え，同年11月に起こった三洋証券破たんに始まる金融危機が重なったこともあり景気が大きく後退しました。そうした97年の経験がありましたが，2014年の増税時にも，駆け込み需要と反動減を経験しました（図1-1）。

　もっとも，1997年には，消費税増税だけでなく，2兆円規模の所得税の特別減税が廃止され，社会保障関連の制度改定が同時に実施されるなどして，消費税以外にも緊縮財政が経済活動を圧迫する状況にありました。さらに，97年は夏ごろからタイ・バーツ危機を発端とするアジア通貨危機が生じ，

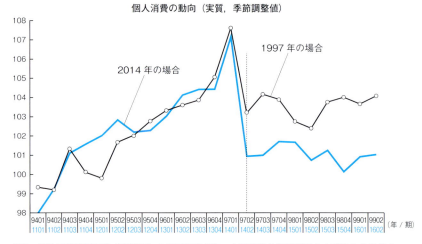

図1-1 消費税増税時(1997年,2014年)の消費の動き

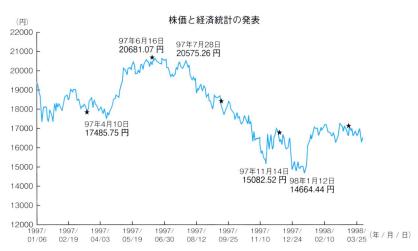

図1-2 消費税増税時(1997年)の株価の動き

日本でも金融システム不安へと波及しました。

　一方で，97年の増税時には97年4月以降株価の上昇がみられました。通常，増税は消費の悪化につながりますので，株価も悪化する可能性が高いとされます。しかし，当時は増税により先行きの財政赤字が改善する見込みから安心感が生じ，株価が上昇し，保有株式の値上がりにより消費を喚起する効果が同時に生じていたとも考えられます（図1-2）。

　以上の事実から，消費税増税については，プラスとマイナスの効果が混在している可能性があります。ただ，1997年と2014年の増税の影響には類似点はありますが，世界的な経済動向やほかの経済政策など外部環境の違いから，全く同様な経済事象とはいえません。

■ 分析の視点を経済理論から考える

　消費税率引上げが個人消費に与える影響は，駆け込み需要とその反動減（異時点間の代替効果）と，価格上昇による実質所得の減少による効果（所得効果）に分けられます。ここでは特に，異時点間の代替効果に影響を与える要因について整理してみましょう。

　単純な2期間の消費の効用でいえば，相対価格の変化が影響すると考えられます。つまり，税率の変更幅が大きいほど，異時点間での相対価格の変化が大きくなることから，駆け込み需要は大きくなるとみられます。この点では税率の変更幅の違いを考慮した分析が必要となってきます。

　また，税率変更が公表（アナウンス）された段階で金利がどうなるかという判断も影響を与えると考えられます。つまり，増税前の実質金利が低いほど借入コストが低くなることから駆け込み需要が大きくなると推察できます。この点で，アナウンス時点の金利水準も，駆け込み需要の規模を判断する上で重要といえます。

1.2　簡便なモデルから始めよう

　1.1節でみたように，現実の経済活動では複数の経済ショックが同時期に

起こる場合も珍しくありません。また，経済活動にとってプラス効果とマイナス効果が同時期に生じている場合，どちらの要因を分析するかによりモデルの形式も大きく異なっていると考えられます。個々の要因を分離して因果関係を見極める（識別するといいます）のは大変難しいといえます。ここでは，消費税増税の消費へのマイナス効果について分析することとしましょう。

　消費税は消費を行った場合に課税される間接税です。しかしながら，消費者にとっては購入したい商品やサービスの購入金額が上昇したことを意味します。つまり，実質的に購買力が低下したことを意味しますので，消費者にとっては所得が実質的に低下したことと同じになるわけです。

　消費については，経済理論の多くが所得を主要因として決定されると考えています。ただ，所得をどの範囲で考えるのか，消費者が望む消費の在り方などで，経済理論が異なってきます。所得には，労働によって得られた所得（雇用者報酬といいます），株式などの金融資産から得られる利息・配当（財産所得といいます），金融資産を売却することによって得られる一時的な所得などがあり，所得の範囲をどのようにするかを考える必要があります。また，私たち消費者は「現在」のみの満足を求めているとは限りません。「将来」にわたって，消費水準を維持向上させたいと考えていると思います。その場合には，将来の所得動向をどのように考えるかにより，モデルも変わってきます。

　ここでは，最も単純なケインズ型消費関数を考えてみましょう。このモデルは，「現在」の所得にのみ消費が影響されると考え，所得のうち個人が自由に使える可処分所得（説明変数）により消費（被説明変数）が決定されるとします。

コラム　ケインズ型消費関数

　ケインズ型の消費関数では，現在における所得（可処分所得）の増加分の一定割合が消費に用いられるとするモデルです。可処分所得と最終消費支出との関係をみると，所得の増加が一定割合の消費を増加させるとする安定的な関係が確認できます（図1-3）。消費関数では最も簡便なモデルの一つです。

　モデルは，具体的に，現在の所得から所得税や社会保険料などを差し引いた税引き後の所得である可処分所得 Y_d に人々の消費 C が依存するとして，

$$C = cY_d + Z$$

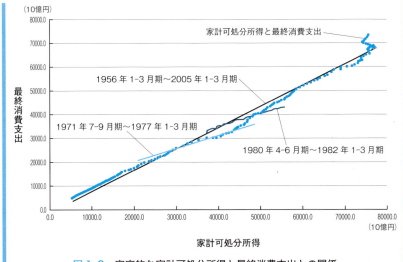

図 1-3　安定的な家計可処分所得と最終消費支出との関係

として表現されます。ここで，c は限界消費性向と呼ばれます。これは，可処分所得が限界的に1円増えた場合どの程度消費に回すかを示すもので，一般的には $0<c<1$ となります。定数項 Z は，現在の所得の変動に影響されない部分で，必需的消費と呼ばれる部分です。たとえば，米や水といった生活していく上で必要な財貨などが該当します。

■ モデルビルディングについて

　ここでは消費を説明するモデルとしてケインズ型消費関数を用いました。モデルを選び，そこから現実経済を単純化する作業を モデルビルディング といいます。ここでの仮説は，家計の消費行動は現在の所得に影響されるというものです。もちろん，消費は現在の所得のみで決定されるものではありません。現在が楽しくても，将来辛い思いはしたくはありません。そこで，将来の所得動向を考えながら安定的な消費をすると想定する場合には，所得を長期安定的に稼得可能な恒常所得とそうでない変動所得に分け，前者により消費が決定されるとする，恒常所得仮説 のモデルを利用することができます。あるいは，一生涯のうち，労働で得られる所得には限りがあります。つまり，消費者の一生涯を現役期間と退職期間に区分して，現役期間の稼ぎをもとに生活すると考え，借金などをせず，最後には自分自身の稼ぎを使い果たすと

する消費理論もあります。これはライフサイクル仮説と呼ばれるものです。このように，消費に関する複数の理論があります。この中から何を選ぶかは，分析者が何を分析したいのか（目的），過去にどのような分析事例が多いのか等をもとに判断することとなります。

　ただし，消費に限らず，経済行動に関して，これまでもいろいろな角度から分析されています。これは，単純化されたモデルでは現実経済のすべてを説明することができないからです。もちろん，所得と消費の関係は安定的で，ケインズ型消費関数のような簡便なモデルで消費行動の多くが説明可能です。しかし，ケインズ型消費関数，恒常所得仮説，ライフサイクル仮説を単独で用いても，消費税増税による駆け込み需要と反動減については説明が困難です。

　つまり，現実経済の複雑さをより詳細に説明するために，駆け込みを引き起こす個々人にはどのような要因が影響を与えているのか，年齢階層による影響があるのか，インターネット等情報へのアクセスの容易さが影響しているのかなど，個々の消費行動を積み上げて，全体の動きを確認する方法が必要となってきます。

1.3　利用するデータを選択しよう

　このようにしてモデルが決まりました。本講はまず分析手順を学ぶということが主眼ですので，できる限り簡便なモデルからスタートする方が良いと思います。というのは，複雑なモデルほど必要なデータも多くなるからです。

　では，データを選択しましょう。消費に関する統計データには，GDP 統計の民間最終消費支出（以下，民間消費支出），家計調査及び小売業販売額など多数あります。それぞれの統計データは捕捉範囲が異なっており，図 1-4 のように，当然動きも異なっています。ですので，それぞれの統計データの捕捉範囲や作成方法にも気を配る必要があります。ここでは，GDP の民間消費を用いようと思います。

　ただし，ここでも問題が出てきます。内閣府のホームページをみると，数値には原系列と季節調整系列の 2 種類があることがわかります。しかも，民

(注) 1. 家計調査（総務省統計局）は2人以上世帯の公表値。
2. 小売業販売額（経済産業省）は季節調整指数（公表値）を消費者物価指数の財（電気・都市ガス，水道除き）で実質化した試算値。
3. 家計最終消費支出（内閣府）は帰属家賃除きの実額を2010年＝100とする指数に変換した試算値。

図1-4　個人消費関連の経済データ

間消費支出は同一の基準のデータの場合，1994年1–3月期以降のデータしか利用できません（2018年1月時点）。1989年の消費税導入時の影響を調べることが簡単にはできないことがわかります。

このように，データの生成過程について最初に注意を払わないと，後々，修正しようにも困難な状況になる場合があります。このような，季節調整済系列や実質値の作成方法や意味などについては改めて**第3講**で説明します。

1.4　モデルを推定してみよう

このようにして分析対象を決め，典拠する経済理論のモデルに必要なデータが集まれば，いよいよ推定（回帰分析）を行います。

推定は，Excelや計量経済分析ソフト（EviewsやTSP等）を用いることが

多く，その場合，即座に推定することが可能となります。ただ，ソフトの操作のみでは推定のプロセスがブラックボックスになりがちです。そこで，**第5講**では，具体的にどのように推定されているのかを，Excelのシートを示しつつ詳述しています。そして，**第6講**では，Excelでの回帰分析の結果の読み方を解説しています。

推定の際に重要となるのは，実は推定期間です。推定では，その期間内の経済活動の平均的な姿を見出すこととなります。推定期間をある程度長くとる方が安定的な結果が得られますが，そのような際にも推定期間にリーマンショック等急激な経済活動の変化が含まれていると，その扱いに苦慮することとなります。先行研究では1973年のオイルショック以降の時期から推定期間をとる場合が多くみられます。

また，安定的と思った結果が推定期間を変更すると，途端に結果が大きく異なることもあります。この場合には，そもそもデータの選択が不適切であったか，経済理論のモデル化が良くなかったことが考えられます。今一度，立ち戻ってチェックする必要があります。

1.5　推定が適切だったか検討しよう

モデルにより推定された結果は適切なものだったのでしょうか。モデル全体でどの程度，現実の経済活動を再現できているのかが重要となります。具体的には，推定された経済の動きが現実の動きをどの程度（何％）説明できているのかを確認することになります。これと同時に，モデルの推定値であるパラメータを検証します。

具体的には，ケインズ型消費関数を用いるならば，所得にかかる係数や，誤差項（**第5講5.1節**参照）と呼ばれる所得以外の推定値が適切かを検討する必要があります。たとえば，所得にかかるパラメータ（限界消費性向）の符号がマイナスや1を超えている場合には検討する必要があります。符号がマイナスということは，所得が増加しても消費が減少（マイナス）になることを意味しますので，仮定として用いた経済理論と異なる結果であることを意

味します。また，所得にかかるパラメータが1を超えている場合には，所得以上に消費をしようとすることを意味します。もちろん，消費者金融など金融制度の発達から借金が容易にできるようになっていますので，所得以上の消費は可能かもしれません。しかし，借金については，いつかは返済しなければならないので，持続可能とはいえません。推定結果を再検討する必要があります。

また，誤差項が統計学的にみてどのような性質を持つかは，重要なポイントとなります。そのため，誤差項の系列相関などの検定を行う必要があります。でないと，推定結果自体の信頼性が高くないと判断され，いくら頑張って推定しても信用されません。

このように，推定結果の仮説検定の作業が最後に残っています。モデルの仮説検定を行った上で，将来を予測することができるようになるといえます。

1.6　気を付けることも多い

■ 見せかけの相関について

計量経済学においては，経済活動間の因果関係を見出すことが重要となってきます。原因と結果が安定的であれば，推定結果の精度も上昇し，推定結果を一般化することも可能となります。しかし，因果関係というのは見出すことが難しいのです。たとえば，よく用いられる事例に犯罪の発生率と警察官の数があります。両者のデータをとると，警察官の数が多いほど，犯罪の発生率が高いことがわかります。しかし，警官が多いから犯罪が多いのは明らかにおかしいので，この場合は犯罪が多いから警察官の数が多いと判断すべきでしょう。このような場合はある程度常識的に判断がつきます。しかし，経済活動では，その因果関係が単純ではなく複雑になっている場合が多いのです。

計量経済学の目的は，経済活動を示すデータの塊から因果関係を見出し，それを用いて将来より安定的，効率的に行動するための結果を示すことにあります。

■ 理論なき計測について

　計量経済学では経済理論をもとに現実経済をモデル化して分析します。したがって，理論モデルに従わない分析はいくら厳密にしたところで，一般化できず受け入れられません。このためにも，計量経済学だけでなく，分析対象に関するより多くの経済理論やモデルに精通しておく必要があります。しかし，これは一朝一夕にできるものではありませんので，徐々に進めてください。

　しかしながら，モデル化が困難なものが経済活動には多くあります。たとえば，景気動向です。景気の定義は「総体的な経済活動」であり，これに伴う家計や企業の経済主体の心理状態も含めて考えています。2013年以降の経済活動をみても，景気関連の統計は改善の動きを示していますが，消費者の心理を集計したデータでみると，必ずしも改善していません。つまり，「実感なき景気回復」と評価されたりもしています。

　このような景気動向については，各国で景気動向に関連する景気指標を複数集めて，景気動向指数が作成されています。しかし，この景気動向指数を「理論なき計測」として批判する考えもあります。確かに，関連する指標に意味づけをしているとはいえ，消費，投資，企業家マインドなど雑多な統計の集計でみようとしている点ではそのような指摘も間違ってはいません。しかし，景気が適切にモデル化できないがゆえに，景気動向指数は重要な指標として用いられています。このように，経済活動は複雑であり，モデルでの簡便化も困難な場合があります。

　したがって，基本的には，経済理論に基づくモデル化をもとに，比較的理解しやすい動きについて分析を進め，その後に高度化を進めれば良いでしょう。

■ 足元の動きは実はわからない

　意外と思われるかもしれませんが，実は，足元の動きさえも私たちは正確に把握できていません。経済統計は入手までに早くても1カ月以上かかります。GDPに至っては，当該の四半期が終了して40日後に公表されていますので，当該四半期の最初の月からみれば，4カ月半程度の時間が経過しています。このように経済統計の入手には時間を要するため，分析の起点（現状）に関する情報の質及び量は予測者により違いが生じます。

たとえば，政府と民間では情報量に違いがあるでしょうし，民間の分析者でも所属する業界により異なった情報に接することになります。したがって，将来の予測とは先行きの動きを見通すだけでなく，現時点でみれば数カ月前の動きを含む足元の動向を把握することも含まれています。したがって，分析は過去の経済行動であり，予測は将来なのですが，実は足元の動きさえ私たちは現在知ることができていない点を考慮しておくべきだと思います。

■ 経済データは改定される。当初の分析結果が変わる場合もある

たとえば，時期によって，プラス成長がマイナス成長（その逆も）に変わるぐらいのデータの改定があります。バブル経済崩壊直後の1993年度実質GDPは速報値でプラス0.03％とゼロ成長であり，「政府見通しの0.2％を下回り，第一次石油危機後の74年度（マイナス0.03％）以来の低い水準になった」と報じられています（日本経済新聞，94年6月22日）。

しかし，GDPの確報（94年12月公表）が公表されて，マイナス0.2％へ下方改定されると「実質成長率，戦後の最低」（日本経済新聞，94年12月3日）と報道されました。その後1990年基準への改定（95年12月）で再びプラス成長（0.2％）となり，96年12月の改定で0.5％へ上方改定された後は2003年11月までプラス成長とされています。したがって，1995年から2003年までは，戦後のマイナス成長といえば，石油危機による74年と金融危機による1998年と評価される時期が長く続いていました。その後，2003年12月の改定で93年は再びマイナス成長（マイナス1.0％へ1.5ポイントの大幅下方改定）とされ，正式系列ではマイナス0.5％と1974年度以来のマイナス成長となりました。したがって，データを利用する時期によって，バブル崩壊後にはマイナス成長は存在しなかったとの解釈が可能となるだけでなく，時期によってはバブル崩壊直後には低成長で持ちこたえたとの評価が可能となる等，結果が大きく異なる可能性があります（図1-5）。

このようなことから，計量経済学の手法によってデータを分析すれば，現実経済を理解でき予測できるかといえば，かなり難しいといえます。これは，物理学のように因果関係が安定的な事象を対象とするのではなく，経済学では人々の行動が分析の対象であるからです。人間は，常に過去と同じ行動を

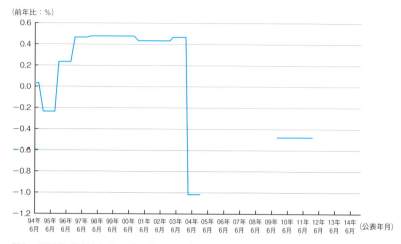

(注) 2004年12月から2009年6月，2011年12月以降，1993年以前の数値は公表されていない。

図1-5　1993年度の実質GDP成長率の改定推移

とるわけではありません。また，過去の失敗を糧に将来は失敗しないように学習もします。

したがって，経済分析とはいろいろとモデルや分析手法を変えながら，真実に近づく作業にほかなりません。このためには，いろいろな限界を知った上での態度も必要になるでしょう。

また，100年に1度の経済ショックといわれた2008年のリーマンショックや，1000年に1度といわれる未曾有の大惨事であった東日本大震災等，これまでの経験を超える状況が生じることさえあります。

このときの状況を解説される際には「想定を超えた……」といわれていましたが，そのような事象もまた計量経済学の対象となってくるわけです。計量経済学は，単に統計学的な手法を理解するだけで完結できるものではなく，いろいろな事象に対して日頃から経済学的な興味を持ち，いろいろな学問的なモデルを取り入れることも必要といえます。

第2講 分析に用いるデータの信頼性を考える

■私たちが経済分析などで利用するデータとはどのようなものなのでしょうか。計量経済学では，データ自体がどのように作成されているのか，またどのような動きを示しているのかを確認する必要があります。

　また，多くのマクロ経済のデータは，各経済事象に関する代表的データ，つまり平均的なデータとなっています。これは分析対象となる経済活動のすべてをデータ化することが難しいからです。

　ここでは，計量経済分析に用いるデータがどのような性質のものであるかを検討する方法を考えてみたいと思います。

2.1　選び出されたデータの代表性を検討する

　たとえば，日本の家計の消費動向を知りたいとします。この場合，日本の家計のすべてについて消費内容を調査し集計すれば，消費動向を把握することは可能です。

　ここで，消費者個人を個別に調査すると，単独で生計を立てている人でなければ，データが偏りのあるものとなる可能性もあるため，調査は世帯単位で実施する形になります。しかし，世帯数をみると，日本全体で2人以上の世帯は3505.7万，単身世帯は1678.5万世帯（ともに2015年国勢調査）もあり，すべての世帯を調査（**全数調査**といいます）することは，時間も費用もかかり簡単ではないことがわかります。

　たとえば，国勢調査の実施費用は670億円程度（2015年調査の予算額）と大きな予算が割り当てられています。また，すべてのデータが公表されるま

でに2年程度の時間を要しています。このように，全数調査の場合，時間とお金がかかります。

このため，年次や月次ベースの消費の動きについては，ある世帯を選び出して消費金額を日本全体（このような対象を母集団と呼びます）の消費金額とみなす方法が考えられます。これが標本調査と呼ばれるもので，読者の皆さんが利用する経済データのほとんどは標本調査によるものとなっています。

具体的には，ここで選び出された世帯 i のそれぞれの消費金額を X_i とすると，知りたいのは世帯の平均的な消費ですので，その標本平均を $\bar{X}$ とします（平均値は $\bar{X}$ のようにバーを付けて示します）。この標本平均 $\bar{X}$ が世帯全体をどの程度代表しているのかを考える際，たとえば平均値と個々の世帯の消費金額とのばらつきが大きいと，平均値としての代表性は高くないと判断できます。その際の指標が標準偏差です。では，これらを具体的にどのように計算するのかをみてみましょう。

> **コラム 母集団**
>
> 　母集団とは調査対象となる経済的な事象やデータなどの集合全体を意味します。しかし，日本人全体の嗜好品などを調べようとしても，母集団が大きく母集団の状況を完全に知るのは困難です。その場合，観測されるデータから母集団の特性を明らかにすることとなります。その観測データの選択については統計学的に行われており，標本抽出と呼ばれています。

■ 平　均

一般的に平均といえば，算術平均のことを意味します。たとえば，数値 X_i から X_n までの算術平均 $\bar{X}$ は，以下のように計算します。

$$\bar{X} = \frac{X_1 + X_2 + \cdots + X_n}{n} \tag{2.1}$$

対象となるデータに偏りがなく，一様に分布しているのならば，平均値は中央値とも一致します。しかし，数値をみただけではどのような分布になっているのかわかりづらいものです。そこで，重要となるのはデータを図示してデータの分布を確認することです。

コラム　総和記号 Σ（シグマ）について

（2.1）式は，総和記号 Σ（シグマ）を使ってより簡潔に表すことができます。この記号はギリシャ文字で，英字の S に対応します。英語では総和は Summation となりますので，その意味するものとして Σ が利用されています。（2.1）式を Σ を使って表すと以下のようになります。

$$\bar{X} = \frac{X_1 + X_2 + \cdots + X_n}{n} = \frac{\sum_{i=1}^{n} X_i}{n}$$

このように，$\sum_{i=1}^{n} X_i$ は数列 X_i（$i=1,2\cdots,n$）を $i=1$ から $i=n$ まで足し合わせることを意味します。なお，本書では，$\sum_{i=1}^{n}$ を Σ と表記しています。

ちなみに，小文字のシグマ σ は，統計学では標準偏差の記号としてよく使われます。本書では，母集団の標準偏差には σ を，標本の標準偏差には s（スモール s）を用いています。

コラム　いろいろな代表値

本文ではデータ群の代表的な数値として（算術）平均値を用いています。ここでは，それ以外にデータ群の代表値としてよく使われる数値を紹介します。

1. 中央値（メディアン）

データ群の数が有限の場合，小さいデータから順番に並べて，その真ん中にある値を中央値といいます。たとえば，男子学生 99 人を身長順に並んでもらって，50 番目の学生の身長をその 99 人の学生の代表値と見立てるものです。男子学生の数が 100 人の場合は，50 番目と 51 番目の学生の身長の（算術）平均値をとります。データの分布が前半と後半で同じであれば，平均値と同じになります。

中央値が役に立つのは，データの分布に偏りがある場合です。図 2-2 は，平成 28 年時点の所得分布をみたものですが，中央値は 428 万円に対して，平均値は一部の高額所得者に影響される形では 545.8 万円です。これでは 100 万円以上も高くなり，実態の把握で平均値が適切とならないことがあります。

2. 最頻値（モード）

データ群の中で最も頻繁に出現する数値のことで，図 2-2 でいえば，平均所得が 200-300 万円の階層で，その付近の割合も高く，日本では所得が低い層が多く，その対応策が必要との見方が可能となります。

表2-1 ヒストグラムとデータ

(A)			(B)			(C)		
データの範囲	中心の値	データの個数	データの範囲	中心の値	データの個数	データの範囲	中心の値	データの個数
0-1	0.5	6	0-1	0.5	1	0-1	0.5	2
1-2	1.5	7	1-2	1.5	1	1-2	1.5	3
2-3	2.5	8	2-3	2.5	2	2-3	2.5	4
3-4	3.5	7	3-4	3.5	3	3-4	3.5	5
4-5	4.5	6	4-5	4.5	4	4-5	4.5	7
5-6	5.5	5	5-6	5.5	5	5-6	5.5	8
6-7	6.5	4	6-7	6.5	6	6-7	6.5	7
7-8	7.5	3	7-8	7.5	7	7-8	7.5	5
8-9	8.5	2	8-9	8.5	8	8-9	8.5	4
9-10	9.5	1	9-10	9.5	7	9-10	9.5	3
10-11	10.5	1	10-11	10.5	6	10-11	10.5	2
合計		50	合計		50	合計		50

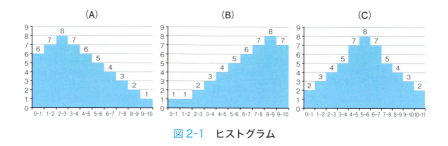

図2-1 ヒストグラム

　データの分布状況を視覚的に認識するためには，よくヒストグラム（柱状グラフとも呼ばれています）が用いられています。ヒストグラムは縦軸に度数（データの個数），横軸にデータの範囲をとってグラフ化します。

　ここで，大きさが範囲で示されている50個のデータについて，表2-1の(A)から(C)のようにデータが分布している場合についてヒストグラムを作成してみましょう。ヒストグラムを描く前からその形状を想像できますか。

　これをそれぞれグラフ化すると，図2-1のようになります。

　(A) は分布が左側に偏っており，中央値の方が平均値より低い場合となっています。(B) は (A) とは逆で，分布が右側に偏っており，平均値より中央値の方が高い場合です。(C) は分布が一様に散らばっている場合で，平均値と中央値が一致しています。

　図2-2をみてください。日本の雇用者の年収階層別のデータをグラフ化

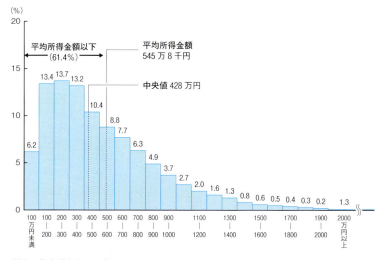

(注) 熊本県を除いたものである。
(出所) 厚生労働省「平成 28 年国民生活基礎調査」より

図 2-2　所得金額の階級別世帯数の状況

すると (A) のように分布します。また，人々の 1 分間の呼吸数や脈拍数等は (C) の分布になる傾向があります。一般的にデータはどのような形状のものになるかわかりませんが，経済社会に関する事象のデータの多くは (C) の分布になることがあります。ここからは (C) のケース（平均値と中央値が同じ）について考えてみます。

■ ばらつき

次に問題となるのは，データのばらつき方です。平均値の回りにデータの集積が多いほど，平均値としての信頼性は高いと考えられます。逆にいえば，平均値が同じ値になっても，ばらつきが大きいということは予測においても平均値から外れの予測になることを意味するからです。データのばらつきの程度は平均値からのかい離の程度で判断されます。

具体的には，平均値とそれぞれのデータとのかい離（偏差といいます）を計算します。

表 2-2 偏差, 分散, 標準偏差の計算例

学 生	基礎科目	応用科目	偏 差 基礎科目	偏 差 応用科目	偏差の二乗 基礎科目	偏差の二乗 応用科目
A	50	60	−15	−10	225	100
B	55	55	−10	−15	100	225
C	45	60	−20	−10	400	100
D	55	65	−10	−5	100	25
E	65	60	0	−10	0	100
F	65	70	0	0	0	0
G	75	75	10	5	100	25
H	75	80	10	10	100	100
I	80	90	15	20	225	400
J	85	85	20	15	400	225
平 均	65	70	分 散		183.3	144.4
			標準偏差		13.5	12.0

$$偏差 = \bar{X} - X_i$$

　平均値を基準とするため, 偏差にはプラスとマイナスの数値が混在することとなり, それを足し上げると相殺さればらつきの大きさが正確に計算できません。

　具体的な数値例で確認してみましょう。ここでは 300 人の学生が受験した基礎科目と応用科目の試験結果 (100 点満点の試験) について, 無作為に選んだ 10 人の学生の試験結果をまとめたものについて考えます。基礎科目と応用科目の試験について, その分布をみると表 2-2 の通りです。ここで, 偏差を計算すると, 基礎科目であれば A から D までの 4 人の学生, 応用科目ならば A から E までの 5 人の学生がマイナスとなるため, 単純に足し上げるとプラスとマイナスが相殺して影響度をみるには不適切な指標となることがわかります。

　そこで, 偏差を二乗してすべてをプラスの数値にして, それを足し上げて, 標本数で割れば平均的な偏差が計算できます。これを分散 (正確には標本分散) と呼びます。ただし, 二乗をしていますので, もとの数値と単位が異なっています。試験の点数の二乗値であり, このような単位は存在しません。

つまり，分散には単位は存在しないこととなります。

このため，平方根をとってもとの単位に戻すことが必要となります。そこで分散の平方根をとって計算したものを**標準偏差**といいます。標準偏差は，ばらつきの尺度として利用されます。

> **コラム　期待値とは**
>
> 期待値とは確率的な事象（確率変数といいます）の実現値をもとに，それが生じる確率の重みで平均した加重平均値のことです。確率変数は確率に従って，その定義した範囲内で様々は値をとるものです。たとえば，死亡率は一定期間（という範囲内）での死亡者数を単純にその期間の人口で割った値となります。
>
> ここでは，確率変数の期待値，分散，標準偏差について，宝くじをもとに見てみましょう。
>
> 表2-3にあるように，2017年の年末ジャンボ宝くじは，期待値は149.985円となります。つまり，300円で1枚宝くじを買った場合に失うのは概ね150円となります。しかし，その標準偏差は163895円とかなり高く，夢は持つことができ，多くの人が買い求めるでしょう。期待値は組み合わせの考え方で，1等から7等までそれぞれの当選金に当選確率を合計したものです。
>
> 不確定な状況はいくつかに分類できます。一つ目は上述の宝くじやサイコロで何の目が出るかといったタイプで数学的に事前に定義される先験的確率といえます。
>
> 他方，年齢別の死亡率や平均余命のような数値（期待値）は宝くじやサイコロとは異なり，経験に基づく統計的確率により求められます。死亡率や平均余命は集計時点のデータから計算されたものであるため，計測する時期において

表2-3　宝くじにおける期待値，分散，標準偏差

	当選金（円）	当選本数	1ユニット当たり当選本数	当選確率	期待値	分散	標準偏差
1等	700,000,000	25	1	0.00000005	35	24499989501.05	
前後賞	150,000,000	50	2	0.0000001	15	2249995500.45	
組違い賞	300,000	4975	199	0.00000995	2.985	894604.81	
2等	10,000,000	500	20	0.000001	10	99997000.32	
3等	1,000,000	5000	200	0.00001	10	9997000.52	
4等	100,000	35000	1400	0.00007	7	697901.78	
5等	10,000	500000	20000	0.001	10	97022.80	
6等	3,000	5000000	200000	0.01	30	81225.86	
7等	300	50000000	2000000	0.1	30	2250.45	
合計					149.985	26861752008.05	163895.55

（注）　1．ここでの数値は「第731回全国自治宝くじ（年末ジャンボ宝くじ）」のものである。
　　　2．通し番号で購入していれば前後賞も当選するが，ここでは考慮していない。

変動する数値です。標本調査による経験的な統計データもこれに該当するので，経済活動の分析に用いるデータは確率変数の実績値といえます。

そして第3のタイプは「推定」です。このタイプの最大の特徴は，第1や第2のタイプとは異なり，確率形成の基礎となるべき状態の特定と分類が不可能なことです。さらに，推定の基礎となる状況が1回限りで特異であり，期待値が存在しません。アメリカの経済学者フランク・ナイト（Frank H. Knight）は推定の良き例証として，企業の意思決定を挙げています。彼は企業が直面する不確定状況は，数学的な先験的な確率でもなく，経験的な統計的確率でもない，先験的にも統計的にも与えることのができない推定であると主張しました。

〈分散，標準偏差の求め方〉

標準偏差（standard deviation）を s とすると，分散は s^2 と表せます。計量経済学においては，分散は個々のデータの偏差の二乗値の合計を，標本数から1を引いた数値で割ることにより求められる不偏分散が用いられます。すなわち，不偏分散は

$$s^2 = \frac{(X_1-\bar{X})^2+(X_2-\bar{X})^2+\cdots+(X_n-\bar{X})^2}{n-1} = \frac{1}{n-1}\sum(X_i-\bar{X})^2 \qquad (2.2)$$

となります。また，標準偏差は

$$s = \sqrt{s^2} \qquad (2.3)$$

です。

コラム　不偏分散について

データのばらつきを表す尺度として分散が用いられます。分散には

標本分散：$s^2 = \frac{1}{n}\sum(X_i-\bar{X})^2$
不偏分散：$s^2_u = \frac{1}{n-1}\sum(X_i-\bar{X})^2$

があり，母集団の推定を行う計量経済学では不偏分散が用いられます。

これは母集団の分散（母分散）を推定する必要があるのですが，標本分散では一般的に母分散より小さめの値になるからです。

観測数 n 個のデータについて，母平均 μ，標本平均 $\bar{X}$ とします。ここで各変数とのばらつきの合計は以下のように表現できます。

$$\sum(X_i-\bar{X})^2$$

これを展開すると，

$$\begin{aligned}
&= \sum[(X_i-\mu)+(\mu-\bar{X})]^2 \\
&= \sum(X_i-\mu)^2 + 2\sum(X_i-\mu)(\mu-\bar{X}) + \sum(\bar{X}-\mu)^2 \\
&= \sum(X_i-\mu)^2 - 2(\bar{X}-\mu)\sum(X_i-\mu) + \sum(\bar{X}-\mu)^2 \\
&= \sum(X_i-\mu)^2 - 2(\bar{X}-\mu)(n\bar{X}-n\mu) + n(\bar{X}-\mu)^2 \\
&= \sum(X_i-\mu)^2 - 2n(\bar{X}-\mu)^2 + n(\bar{X}-\mu)^2 \\
&= \sum(X_i-\mu)^2 - n(\bar{X}-\mu)^2
\end{aligned}$$

ここで第1項，第2項それぞれの期待値（E）をみてみます。母分散をσ^2とすると

$$\begin{aligned}
E[\sum(X_i-\mu)^2] &= E[(X_1-\mu)^2] + E[(X_2-\mu)^2] + \cdots + E[(X_n-\mu)^2] \\
&= \sigma^2 + \sigma^2 + \cdots + \sigma^2 \\
&= n\sigma^2 \\
E[n(\bar{X}-\mu)^2] &= nE[(\bar{X}-\mu)^2] = n\frac{\sigma^2}{n} = \sigma^2
\end{aligned}$$

となるので，

$$E[\sum(X_i-\bar{X})^2] = n\sigma^2 - \sigma^2 = (n-1)\sigma^2$$

と表せます。この結果，

$$E\left[\frac{1}{n-1}\sum(X_i-\bar{X})^2\right] = \sigma^2$$

となり，不偏分散の期待値が母分散となることがわかります。この性質は不偏性と呼ばれ，これゆえに不偏分散が用いられるのです。

2.2 正規分布の仮定

　分散や標準偏差が小さいほどデータのばらつきは小さく，平均値への集中度合いが高い状況となっています。ここで平均値を中心にデータに偏りがないと仮定すると，データは統計学における正規分布に従っていると仮定することができます。正規分布の仮定は，多くの経済社会の事象のデータ分布と近似することができるため，データの分析は正規分布を仮定した形で検討さ

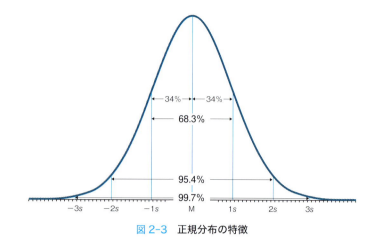

図 2-3　正規分布の特徴

れます。データが平均値辺りに集積するような正規分布を仮定すると，分析の上で便利な特性を利用することができます。

　正規分布は，グラフに示すと図 2-3 のように左右対称の釣り鐘型になります。正規分布を仮定し，標本平均を $\bar{X}$，標準偏差を s とすると，$\bar{X} \pm 1s$ の範囲にデータが入る確率は 68.3％，$\bar{X} \pm 2s$ 場合 95.4％，$\bar{X} \pm 3s$ の場合 99.7％ となります。

2.3　標本調査のデータは知りたいデータとなっているのか

　ここで，選び出したデータが知りたい情報（たとえば，日本全体の消費動向）になっているかについて考えてみます。つまり，標本調査の平均値 $\bar{X}$ が母集団の平均と一致しているかという問題です（図 2-4）。

　家計調査（総務省）等の標本調査の統計では，日本の全体像に近づけるように，年齢や地域性などを考慮してサンプルを選び出すように設計されています。たとえば，世帯主の年齢で 20 歳代と 50 歳代のサンプルの平均を算出し，それを日本全体のシェアなどを勘案して全体像が作成されます。もっと

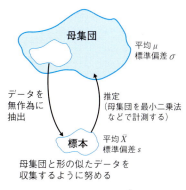

図 2-4 　母集団と標本との関係

も，標本の平均と母集団の平均は一致するとは限りませんので，母集団の平均がどれぐらいの幅の中にどれぐらいの確かさで存在しているのかについて統計学的な手法で推定されることとなります。

　ここで知りたいデータの平均消費金額（母集団平均）を μ，サンプルとして選び出された世帯の平均消費金額（標本平均）を $\bar{X}$ とします。ここで，サンプルとなる世帯数を 100 世帯，10000 世帯と増やすに従い，当たり前のことですが，標本平均 $\bar{X}$ はだんだんと母集団の平均 μ に近づくことが想定できます。(2.2) 式の n が無限大（∞）となると，分散はゼロとなることからも規定の正しさを確認できます。その結果，母集団においても，標本調査での平均値及び標準偏差を母集団の期待値として利用することが可能となります。たとえば，母集団の平均 μ と標本平均 $\bar{X}$ との関係をみるために，標準偏差 s を用いて $\bar{X} \pm 1s$ の範囲に母集団平均 μ が入る確率は 68.3％，$\bar{X} \pm 2s$ の場合 95.4％，$\bar{X} \pm 3s$ の場合 99.7％となります。

　このように，計量経済学で用いる統計データは標本調査である場合が多く，利用するデータの信頼性を確認する必要があり，多くのデータで信頼性を示す尺度も公表されています。

　たとえば，世帯の消費動向を調査した家計調査の場合「標準誤差率」という尺度により表しています（表 2-4）。多くの場合，標本調査の結果から得

表 2-4 家計調査における標準誤差率

	標準誤差率
消費支出（全世帯）	±3.9%
消費支出（勤労者世帯）	±4.4%
実収入（勤労者世帯）	±3.6%

（出所） 総務省「家計調査年報」（平成 12 年）に記載されている標準誤差率より作成

られた数値と真の値との差は，一定の確率で標準誤差率の範囲内に収まっています。家計調査（2人以上世帯）の「消費支出」「実収入」の前年同期比は，幅を持ってみる必要があります。たとえば，表 2-3 より 95％信頼区間（第 6 講 6.7 節参照）の場合について計算すると，消費支出（全世帯）が前年同期比＋1％である場合，－2.9％～＋4.9％の範囲内にあると解釈することができます。

2.4 異なる環境でのデータの比較について

これまでは（試験の点数の比較のような）同等の条件にある事象のデータを扱ってきました。しかし，同じ試験の比較でも 100 点満点のものもあれば，150 点満点の場合もあります。あるいは，身長（cm）と体重（kg）では比較しようにも単位が異なっています。ここでは，条件の異なるデータの比較についてみてみましょう。

■ 変 動 係 数

複数のデータ集団の単純な平均値と標準偏差の比較では評価が適切とならない場合があります。たとえば，魚の成魚の比較でイワシとマグロの場合です。明らかに平均はイワシの方がかなり小さいでしょう。このように平均値の大きさが異なる場合に，標準偏差の大小で 2 つのデータ集団を比較することは不適切といえます。

この場合には，変動係数を計算すれば，平均の大きさを1とする形で基準化されるので比較が可能となります。

$$変動係数 = \frac{標準偏差}{平均}$$

> **コラム　いろいろな平均値**
>
> 平均値の算出方法では，算術平均が適さない場合があり，その際には，以下の2つの計算方法が用いられています。
>
> **1. 加重平均**
>
> 　算術は各データの重要性を同等のものとして考えています。しかし，家計の消費を考える場合，主食のお米やパンの消費金額全体に占める割合は大きいでしょうし，肉と魚ではどちらを主菜にしているかによって価格的にも異なってきます。このような重要度の違いをウエイト w として平均する方法を加重平均といいます。
>
> 　加重平均は物価指数の作成などに用いられており，消費者物価指数の場合，家計調査で得られた家計の平均的な各品目の購入金額をウエイトとして用いています。
>
> $$加重平均 = \frac{w_1 X_1 + w_2 X_2 + \cdots + w_n X_n}{w_1 + w_2 + \cdots + w_n} = \frac{\sum w_i X_i}{\sum w_i}$$
>
> 適用例については，次講で紹介します。
>
> **2. 幾何平均**
>
> 　データが水準の場合には，算術平均や加重平均での計算で問題ありませんが，変化率の場合には算術平均では正確に計算できません。この場合には，幾何平均が用いられます。
>
> $$幾何平均 = \sqrt[n]{X_1 \times X_2 \times \cdots \times X_n}$$

■ 標準化変量

　たとえば，英語と数学の2科目の試験結果で，英語は100点満点で平均が70点，標準偏差が5点で，数学は150点満点で平均が90点，標準偏差が10点であったとします。学生A君の英語は83点，数学は106点でした。どちらの科目の方が良くできているのかを確認する場合はどうすればいいでしょうか。

この場合には、それぞれに標準化変量を求めればわかります。標準化変量とはあるデータがその平均から標準偏差の何倍離れているのかを表す尺度のことです。これによって、ある数値がデータ全体の中でどの辺りに位置するかがだいたいわかります。具体的には、以下のように計算します。

$$標準化変量 = \frac{X_i - \bar{X}}{標準偏差}$$

　この計算式では、分子は観測値から平均を引くことから平均を基準としてプラスとマイナスになります。つまり、平均−平均をするとゼロとなるので、「平均がゼロ」となっています。分母については、標準偏差でみて1に変換されるので、異なる平均を持つデータ群の間での比較が可能となります

　先ほどの試験結果でいえば、下記のように各科目の標準化変量は計算できます。

$$英語の試験 = \frac{83 - 70}{5} = 2.60$$

$$数学の試験 = \frac{106 - 90}{10} = 1.60$$

　標準化変量の数値が大きいほど、平均値からのかい離が大きいことを意味しますので、試験結果の場合では英語の方が良くできていると確認できます。

　なお、標準化変量を応用したものとして、お馴染みの偏差値や知能指数があります。標準化変量はゼロを基準としていますが、偏差値は50、知能指数は100を基準として標準化変量を加算しますので、偏差値は50が平均、知能指数は100を平均とする標準間変量として計算されています。

■ Active Learning

《重要事項のチェック》・・
　　□母集団　□標本調査　□平均　□ヒストグラム　□偏差　□分散　□標準偏差
　　□不偏分散　□正規分布　□変動係数　□標準化変量

《調べてみよう》
　政府や日本銀行から公表されている統計データの精度はどの程度でしょうか。標準誤差率などの公表数値をもとに確認してみましょう。

《Exercises》

[1]　制限速度が55km/hの道路で，ある地点を通過した1000台の自動車のスピードをモニターすると，平均スピードは45km/hで，標準偏差は10km/hであった。スピードの分布は正規分布であった。この場合，法律違反をおかした自動車は何台と推定されるか。

[2]　マネジメント学科2年に属するAさんは統計論の試験で70点，Bさんは日本経済論の試験で80点であった。ただし，統計論の試験は「満点100点，平均点は60点，標準偏差は5点」，日本経済論は「満点120点，平均点は75点，標準偏差は5点」であった。AさんとBさんはどちらの方が良い点数だったといえるか。

[3]　公園にたくさんの鳩がおり，概ね1000羽いると思われる。そのうち，100羽をランダムに捕まえてその体長を測ったところ，その分布は正規分布に従い，平均30cm，標準偏差5cmであった。このとき，正規分布表を参考に，以下の問に答えなさい。

　(1)　体長が35cmを超すものは，全体で約何羽いると考えられるか。
　(2)　体長が15cm以下のものは，全体で約何羽いると考えられるか。
　(3)　体長が20cmから30cmまでのものは，約何羽いると考えられるか。
　(4)　体長が25cmから30cmまでの鳩と，体長が30cmから35cmまでの鳩では，どちらの方が多く生息していると考えられるか。
　(5)　体長が40cmを超す鳩が飛ぶのをみつける確率は何％か。

文献紹介

● D. ロウントリー（加納悟訳）(2001)『新・涙なしの統計学』新世社

第3講
分析に用いるデータを
どのように利用するのか

■計量経済学では経済的な因果関係を定量的に検証していきますが，その前に確認しなければならないことが多くあります。まず，分析に用いる個々のデータの特性がどのようなものであるかを確認する必要があります。そもそも現実の経済活動は，物理や化学の実験のように，安定的なものではなく，天候や自然災害等で大きな影響を受けます。また，経済活動はその時点の経済・社会環境にも大きな影響を受けて，全く同じ状況が生じることはほとんどありません。そのような複雑な動きを示す経済活動の中から，一般的な関係性を定量的に導くことが必要となってくるわけです。

しかし，現実に接することができるデータはその動きからだけでは，読み取るのが非常に難しいです。ここでは，分析に用いるデータをどのように利用すべきかについて考えてみましょう。

3.1　経済分析で必要な情報とは何か

ここでは，近年の日本国内の消費状況を分析したいと考え，百貨店の販売額のデータを入手したとします。分析するに当たっては，図3-1のように，グラフ化して視覚的にデータの動きを観察することから始めます。動きをみると大きな変動を示しています。月々の変動が大きく，企業で夏季・年末賞与の支給月に当たる7月や12月の販売額が多く，8月は販売額が少ない時期となっています。そのような規則性がある一方，その動きが異なる場合もみられます。

また，リーマンショック（2008年）や東日本大震災（2011年）のような経済的なショックで消費金額の水準自体が大きく下方にシフトしている様子が

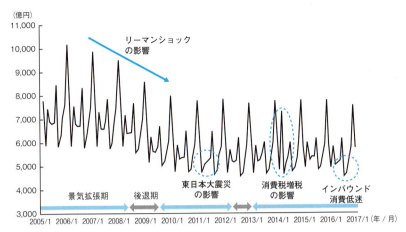

図 3-1 百貨店販売額の推移

みられます。その後も，2014年の消費税率引上げにより販売額の季節的なパターンに変化がみられます。このように，百貨店販売額をみるだけでも，いろいろな変動が含まれていることが確認できます。そのため，一般的な関係性を見出すためには，これらの変動を考慮する必要があります。

さらに，近年，日本への外国人旅行者が増加傾向にあります。その中で，中国からの旅行者を中心に日本での消費財の購入が急増した時期があります。いわゆる「爆買い」といわれる状況です。しかし，中国からなどの外国人旅行者の日本国内での消費は，経済学では国内の消費には含められず輸出の扱いとなります。また，企業など法人による百貨店での消費は中間消費に区分され，経済学的に必要な最終消費ではありません。このように，百貨店販売額は，一般的な国内の消費を示すデータとはいえず，単純に用いると不適切な結果が得られる場合があります。

したがって，次のコラムにもあるように，消費のデータであっても，正確な経済分析をするには，そのままの形では利用することはできません。

コラム　消費関連のデータ

消費動向を分析する場合，どのようなデータが利用可能なのか，またそれぞれのデータは消費動向のどの部分を反映したものかを考える必要があります。それぞれの特徴を整理すると次の通りです。

①**家計調査：総務省**
- 世帯単位の消費動向を捕捉したもの。所得階層別，世帯年齢別など世帯の属性別に消費動向が捕捉されている。
- 世帯の高齢化や世帯人員の減少などにより，調査された消費金額が低下しており，人口動態の変化についての調整が必要である。

②**小売販売額（百貨店販売額等）：経済産業省（商業動態統計）**
- 小売販売額ベースで業態毎に消費金額を捕捉。サービス関連の消費の捕捉が不十分となっている。
- 法人の消費（中間消費に該当）や海外からの観光客のインバウンド消費（消費ではなく輸出に該当する）などが含まれているが，完全に区別できないため，家計の消費金額の捕捉が完全ではない。
- 百貨店販売額は消費者の百貨店離れもあり，消費動向の一部を表しているにすぎない。

③**家計最終消費支出（GDPベース）：内閣府（国民経済計算）**
- 一人当たりの消費支出を種々の統計から推定している。

(注) 1. 家計調査（総務省統計局）は2人以上世帯の公表値。
　　 2. 小売業販売額（経済産業省）は季節調整済指数（公表値）を消費者物価指数の財（電気・都市ガス，水道除く）で実質化した試算値。
　　 3. 家計最終消費支出（内閣府）は帰属家賃除きの実数を2010年＝100とする指数に変換した試算値。

図 3-2　個人消費関連の経済データ（図 1-4 再掲）

> - 「持家の帰属家賃」等実際の消費ではないもの，医療費のように利用者負担分のほか，保健から支払われている部分が含まれるなど，一般的な消費と認識されている部分とは異なる消費も計上されている。

このように，消費関連データの中から，国内の消費に関係しない部分を調整・補正した上で，さらに種々の変動要因が含まれている実際のデータから分析に必要な経済の本質的な動きを抽出することが必要となってきます。

経済の本質的な動きを抽出する方法としては，一般的には，対象となるデータが時系列として，どのような変動パターンを持つのか，その特性，規則性を捉え，過去の変動からそれを割り出し，将来に当てはめる方法がとられています。

具体的には，百貨店販売額を集計したままの加工されていない生のデータを原系列（Original）と呼びます。そして，このような原系列のデータは，趨勢成分，循環成分，季節成分及び不規則成分の4種類の変動要因から成り立っていると仮定し，これら4つの変動要因を個々に抽出・分離します。このようにして，分析目的にかなった情報を取り出します。これを時系列分解といいます。

このうち，経済変動をみる上で本質的な動きとなるのは趨勢的な変動と循環的な変動とされています。そこで，政府の統計作成部局では季節的な変動を除いた数値（季節調整値と呼びます）を推定して公表しています。リーマンショックの影響のような急激な経済の変動を示すようなショック（不規則成分となります）は，それを調整して公表される場合もあります。

■5つの変動要因

ここでは，前項でみたように，原系列のデータは，趨勢成分，循環成分，季節成分及び不規則成分の4種類の変動要因から成り立っていると仮定します。その上で，季節成分を除いたデータへ加工します。ただし，実際の加工では，1年単位の季節変動だけでなく，1カ月単位の曜日変動についても調整されています。

それぞれの変動については，以下のように定義します。

①**趨勢変動**：T（Trend）

一方向（上昇または下降）に恒常的に現れる長期にわたる基本的な変動のことです。百貨店販売額の例では，リーマンショックのような大きなショックは経済構造の変化を伴うものですから，百貨店での販売そのものの低下が一過性ではなく，大きなシフトをしたことが伺えます。

②**循環変動**：C（Cycle）

周期的な変動のうち，12カ月を超えるものをいいます。経済活動は3～4年程度で循環しています。この動きは景気循環と呼ばれるもので，景気拡張期と後退期に区分できます。景気が良い時期と悪い時期では消費活動は大きな影響を受けるのかを確認する必要があります。

③**季節変動**：S（Seasonal）

春夏秋冬という季節や，入学，夏休み，年末年始，卒業など同様の行事が繰り返される1年間（12カ月）周期の変動を意味します。

④**曜日変動**：D（Daily）

月中の曜日構成により，営業日数が異なることから生じる変動です。特に，消費関連のデータでは，土曜と日曜での消費金額が大きいことからその影響が大きくなります。

⑤**不規則変動**：I（Irregular）

地震・天災などの予測不可能な偶発的な変動のことで，周期的に生じるものではありません。

■ データの生成過程

時系列の原系列データは，前項の要因が次のような形で生成されていると考えます。

> 乗法型モデル：$Y = T \cdot C \cdot S \cdot D \cdot I$
> 加法型モデル：$Y = T + C + S + D + I$

このうち，SとDの要因を除いたものを季節調整済系列と呼んでいます。計量経済学では，原系列と季節調整済系列のどちらを用いるべきかとの定まった考え方はありません。特に，季節変動については，冷夏や暖冬などい

つも同様な状況を経験するわけではありませんし，また冷蔵・冷凍技術や養殖技術の発達などから季節の関係なく生産活動が継続できる状況にあり，季節性が弱まる場合もあります。

なお，日本では，原系列及び季節調整済系列の2種類のデータが公表されている場合がほとんどです。しかし，欧米諸国では日本のように原系列が公表されているデータは少なく，季節調整済系列のみの公表に留まっている場合があります。したがって，データの加工状態への注意の必要性については日本での統計作成環境で特に当てはまることかと思います。

> **コラム　時系列データとクロスセクションデータ**
>
> 　データの分類法にはいろいろなものがありますが，時系列データとクロスセクションデータという分類も重要です。
>
> 　時系列データとは，時間とともにデータを集めたもので，平均気温を毎年集めたものは時系列データになります。一方，クロスセクションデータとは，同じ時点で違うもののデータを集めたものです。2020年の都道府県別平均気温がそれにあたります。クロスセクションとは，横断面という意味で，時間軸に対して一時点を輪切りのようにして切り出すためにそう呼ばれています。

3.2　データの加工方法

■ 移動平均

経済分析に用いるデータで，すべてのデータが季節調整値を利用できるとは限りません。そもそも季節調整によってデータがどのように加工されているのかを確認しておく必要があります。季節変動は毎年同じような状況が生じると仮定していますので，毎月12カ月で平均値をとれば，その月の動きについて季節的な変動を除くことができます。

具体的に，鉱工業指数（経済産業省）の鉱工業生産指数でみてみましょう（図3-3）。鉱工業生産指数は原指数，季節調整済指数とも作成の上，公表されています。原指数でみると，動きが激しく経済変動を把握するのが難しいですが，季節調整済指数では動きがわかりやすくなっています。季節調整は

アメリカの商務省の統計機関であるセンサス局で開発されたソフト（X-12-ARIMA）をもとに加工されています。これは，移動平均法を多用したものです。グラフに 12 カ月中心移動平均の数値もありますが，季節調整値と比較すると，動きがかなり近いことがわかります。したがって，簡単な確認方法としては移動平均をとる方法が考えられます。

このような移動平均法をデータ属性に合わせて描くためのプログラムがアメリカのセンサス局により作成されており，日本の統計部局でも利用されています。現在のプログラムは X-13-ARIMA-SEATS となっています。このプログラムはセンサス局のホームページから無料でダウンロードできるため，各人が利用可能となっています。

> **コラム　移動平均法とは**
>
> 移動平均法は，時系列データを平滑にする方法で経済データではよく利用されています。たとえば，日次の株価を 1 週間（7 日間）で移動平均（MA, Moving Average）にする場合は以下のようになります。
>
> 本日を t とします．昨日は $t-1$ と表記できます．また，7 日間の 7 は項数と呼びます．
>
> $$MA_t = \frac{D_t + D_{t-1} + D_{t-2} + D_{t-3} + D_{t-4} + D_{t-5} + D_{t-6}}{7}$$
>
> として翌日の移動平均は
>
> $$MA_{t+1} = \frac{D_{t+1} + D_t + D_{t-1} + D_{t-2} + D_{t-3} + D_{t-4} + D_{t-5}}{7}$$
>
> となります。このように最も古いデータを 1 つ除いて，新しいデータを 1 つ追加します。株価の場合では，5 日移動平均，25 日移動平均，75 日移動平均がよく利用され，株価の傾向を判断するのに利用されています。
>
> ところで，この計算方法は最も簡便な方法で後方移動平均と呼びます。この方法で問題がないわけではありません。上記の計算式では，過去の動きに影響を受けます。たとえば，アイスクリームやビールのように季節性商品を含む場合には，その数値が含まれる間は，移動平均値に大きな影響を与えます。
>
> そこで，中心移動平均が用いられる場合があります。
>
> $$MA_t = \frac{D_{t+3} + D_{t+2} + D_{t+1} + D_t + D_{t-1} + D_{t-2} + D_{t-3}}{7}$$
>
> ただし，中心移動平均では，現在より先の数値がない場合は計算ができませ

ん。本文で紹介しました X-13-ARIMA-SEATS では将来の数値を ARIMA モデル（時系列モデル；第 14 講で解説）で予測して計算されています。

また，項数が偶数の場合ですが，その場合は両端の数値を半分にして計算します。

$$\mathrm{MA}_t = \frac{\frac{D_{t+3}}{2} + D_{t+2} + D_{t+1} + D_t + D_{t-1} + D_{t-2} + \frac{D_{t-3}}{2}}{6}$$

■ 変化率

より簡便な方法としては前年同期比で伸び率をとる方法があります。原系列データが乗法型モデルに従うと仮定すると，前年同期比は以下のように表現できます。

$$\frac{Y_t}{Y_{t-12}} = \frac{T_t}{T_{t-12}} \cdot \frac{C_t}{C_{t-12}} \cdot \frac{S_t}{S_{t-12}} \cdot \frac{I_t}{I_{t-12}} \tag{3.1}$$

ここで季節変動に大きな変化はないと仮定すれば，$S_t = S_{t-12}$ となるため，前年同期比は季節変動が取り除かれていることとなります。図 3-3 をみて

図 3-3　鉱工業生産の原系列，移動平均，前年同月比

もわかるように，変動幅は大きいですが季節調整値とも近い動きとなっています。このように，前年同月比を用いて分析することも可能です。経済時系列データを分析する際，最も簡単かつ頻繁に利用されます。

ただし，(3.2) 式のように，前年同期比は過去 12 カ月の前月比をかけたものであり，過去の動きの影響を受けることにもなります。

$$\frac{Y_t}{Y_{t-12}} = \frac{Y_{t-11}}{Y_{t-12}} \cdot \frac{Y_{t-10}}{Y_{t-11}} \cdot \frac{Y_{t-9}}{Y_{t-10}} \cdot \frac{Y_{t-8}}{Y_{t-9}} \cdot \frac{Y_{t-7}}{Y_{t-8}} \cdot \frac{Y_{t-6}}{Y_{t-7}} \\ \cdot \frac{Y_{t-5}}{Y_{t-6}} \cdot \frac{Y_{t-4}}{Y_{t-5}} \cdot \frac{Y_{t-3}}{Y_{t-4}} \cdot \frac{Y_{t-2}}{Y_{t-3}} \cdot \frac{Y_{t-1}}{Y_{t-2}} \cdot \frac{Y_t}{Y_{t-1}} \tag{3.2}$$

3.3 名目と実質

経済に関するデータは，一般的には，①数量に関するデータ（自動車販売台数，半導体生産数量など），②価格に関するデータ（消費者物価指数，企業物価指数など），③数量と価格を合わせた価額に関するデータ（GDP，百貨店販売額など）に区分できます。この中で，経済分析に重要な本質的な動きは数量に関する情報となります。

これは，経済学では数量の増加を経済の変動で意味のある情報と考えるからです。たとえば，近くのスーパーやコンビニで 1 個 100 円（価格）のおにぎりを 2 個（数量），購入すると，200 円（価額）支払います。しかし，1 年後にインフレが生じて，おにぎりの値段が 150 円に値上がりすると，価額は 300 円となります。2 つの時点でみれば 200 円から 300 円と，購入金額が増加したと判断されます。しかし，おにぎりの数は 2 個のままですので，おにぎりから得られる満足は 1 年前と変わっていません。こうした状況を調整する必要があるのです。

ほかの例でも考えてみましょう。たとえば，図 3-4 の実線は毎月勤労統計（厚生労働省）の事業規模 30 人以上（全産業計）の現金給与総額について 2005 年を 100 とする指数の動きをみたものです。1970 年の給与水準は 2000 年を基準でみると，1/5 程度しかなく，30 年の間に給与は 5 倍増加したこと

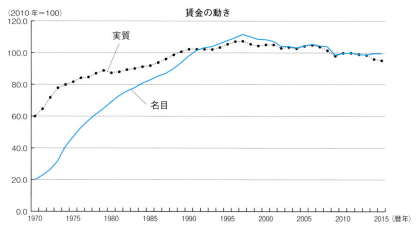

(注) 数値は事業者規模30人以上の現金給与総額（産業計）の賃金指数。
(出所) 厚生労働省「毎月勤労統計」

図 3-4　名目と実質の動き

になります。しかし，私たちの生活は30年前より5倍豊かになったのでしょうか。近年はデフレ状況が続いているとはいえ，同じ30年間に，物価も3倍強上昇しています。その結果，物価の影響を取り除いて賃金をみると，賃金は2倍弱しか上昇していないこととなります。

　このように，経済変動の実態を理解するためには，価額のデータや物価の変動を受けるデータ（金利，為替などの金融関連変数等）については物価の変動の影響を取り除いた変数でみる必要があります。

　物価変動の影響を取り除く前の数値（未加工の数値）を**名目値**，物価変動の影響を調整したものを**実質値**といいます。経済学では，実質値を用いた分析が多くみられます。

　しかしながら，名目値は経済学で全く無用かといえば，そうではありません。現実には，私たちは名目値に囲まれて生活しており，実質値について即座に知ることは難しい場合もあります。このような場合，名目値の変動が家計や企業など経済主体の行動に大きな影響を与える場合もあり，経済学においても，実質値だけでなく，名目値を目的に合わせて用いています。

3.3　名目と実質

3.4　経済指数

　前節で示した自動車販売数量，おにぎりの販売個数などでは，経済の実態をみることはできません。たとえば，自動車の販売では同じ数量とはいえ，軽自動車5台と高級な自動車5台の販売では経済的な価値が異なるからです。こうした価格・数量の影響度を調整する必要があります。そこで，鉱工業生産指数や消費者物価指数は，基準年を100とする指数として公表されています。

　数量のデータであれば価格（価値）をウエイトとする指数，価格のデータであれば数量（購入個数）をウエイトとして，加重平均値（**第2講**の**コラム**「**いろいろな平均値**」参照）として作成されています。

　ただし，問題となるのは，ウエイトとなる数量（あるいは価格）を基準時とするのか，あるいは比較時とするのかによって異なった数値が得られます。基準時のウエイトを採用する方法を**ラスパイレス（Laspeyres）指数**算式，比較時のウエイトを採用する方法を**パーシェ（Paasche）指数**算式といいます。いずれも19世紀のドイツの経済学者の名前に由来するものです。

　たとえば価格指数の場合，q_{ti} を第 i 番目の t 時点における数量とすれば，ラスパイレス指数では $q_i = q_{0i}$ と基準時の数量を用いるのに対して，パーシェ指数では $q_i = q_{ti}$ と比較時点の数量を用います。したがって，ラスパイレス指数算式は，

$$P_L(t) = \frac{\sum_i p_{ti} q_{0i}}{\sum_i p_{0i} q_{0i}}$$

パーシェ指数算式は，

$$P_P(t) = \frac{\sum_i p_{ti} q_{ti}}{\sum_i p_{0i} q_{ti}}$$

となります。

　ラスパイレス型の指数では，採用品目，ウエイトが基準時に固定され算出

が容易となるため，多くの経済関連の指数はラスパイレス型が採用されています。ただし，現実の経済構造に大きな変化が生じた場合には物価動向を適切に反映できません。たとえば採用品目について，1995年基準の消費者物価指数では，その後に急激に普及したパソコンや携帯電話は対象品目に含まれていませんでした。

パーシェ型の指数は，現時点のウエイトとなる数量もしくは価格の情報が必要ですが，入手が困難であることからあまり作成されていません。パーシェ型指数の代表例はGDPデフレーターです。

コラム　デフレーターとは

デフレート（deflate）は気球などから空気を抜くという意味があるように，ある名目変数（時価表示）を実質化（不変価格表示）するために，経済変数から物価変動を除去するために用いられる物価データを意味します。

一般的に，経済活動の分析に用いるデータは貨幣で価値付けされています。たとえば，おにぎりが1個100円のように，その価値が金額換算されています。ここで，海苔や米の価格が上昇し続けるインフレが生じると，おにぎりの価格は1個150円や200円になります。しかし，おにぎりを食べる人の満足度は，変わらずおにぎり1個分です。物価変動を含む経済変数では正確な経済効果を計測できないことから，物価変動を除いた変数を用います。これを実質値といいます。

デフレーターには，消費者物価指数，企業物価指数，GDPデフレーターなどがよく利用されています。その中で，GDPデフレーターは，他のデフレーターと異なって，インプリシット（暗示的）・デフレーターと呼ばれています。これはGDPの場合，名目GDPと実質GDPが先に推定されて，名目GDPを実質GDPで除して求めるため，そのように呼ばれています。

■ Active Learning

《重要事項のチェック》
□趨勢変動　□循環変動　□季節変動　□曜日変動　□不規則変動　□移動平均法　□名目値　□実質値　□ラスパイレス指数　□パーシェ指数

《調べてみよう》

アメリカのセンサス局から "X-13-ARIMA-SEATS Seasonal Adjustment Program" を入手して，身近な統計データを季節調整してみましょう。

《Exercises》

[1] りんごとみかんの価格と需要が，2期間で以下のように変動した場合，ラスパイレス型及びパーシェ型の価格変動を計算しなさい。

	期間1		期間2	
	価格	需要	価格	需要
りんご	10	30	20	20
みかん	20	15	25	20

[2] 下の表を用いて以下の計算結果を求めなさい。

		民間消費	民間投資	政府支出	輸出	輸入
2014年	価格	50	40	100	20	30
	数量	100	200	20	110	100
2015年	価格	40	60	120	20	40
	数量	120	190	20	100	90

(1) この経済の2014年と2015年の名目生産額（名目GDPに相当）を求めなさい。

(2) 2014年を基準年として，2015年の実質GDPを求めなさい。

(3) 2015年の経済成長率を求めなさい。

文献紹介

- 木村武（1996）「季節調整について」，日本銀行金融研究所，Discussion Paper Series，96-J-2.
- 奥本佳伸（2000）「季節調整法の比較研究——センサス局法X-12-ARIMAの我が国経済統計への適用」，『経済分析——政策研究の視点シリーズ』，第17号
- 有田帝馬（2012）『入門季節調整——基礎知識の理解から「X-12-ARIMA」の活用法まで』東洋経済新報社

第4講
データ間の関係

■経済学の関係を計量的に分析するとは，ある変数と他方の変数との関係性を確認する作業となります。その中で，よく出てくるのが相関関係と因果関係となります。しかし，通常，経済活動は複雑な相互依存関係のもとにあります。たとえば，「風が吹けば桶屋が儲かる」という諺があります。ここでは「風」と「桶屋の収益」を調べても何の意味がないことはおわかりかと思います。

「風が吹くと」→「土埃が立つ」→「土埃が目に入って目の不自由な人が増える（病気の発生）」→「目の不自由な人は三味線を買いたくなる（消費意欲の拡大）」→「三味線の需要増加で，原材料の猫への需要も拡大する」→「猫の数が減ればネズミが増加する」→「ネズミが増えると，桶をかじる」→「桶の需要が増加し，桶屋は儲かる」という時間的な流れで風を原因とする桶屋の収益につながっています。

このような時間の流れの中で，原因と結果の関係を考えるのは意味があることでしょう。ここでは，データ間の関係を確認する方法について考えてみましょう。

4.1 共分散

共分散は2変数間の関係性について数値化したもので，各変数の偏差の積で以下のように求めます。共分散は英語で"Covariance"のため $Cov(X, Y)$ と表記します。

$$Cov(X, Y) = \frac{1}{n-1} \sum (X_i - \bar{X})(Y_i - \bar{Y}) \tag{4.1}$$

表 4-1　学生の試験の点数

学生	基礎科目	応用科目	学生	基礎科目	応用科目
A	50	60	K	50	75
B	55	55	L	70	40
C	45	60	M	75	40
D	55	65	N	55	52
E	65	60	O	65	65
F	65	70	P	65	60
G	75	75	Q	75	75
H	75	80	R	75	60
I	80	90	S	80	70
J	85	85	T	85	65

　ここでは，10人ずつ2つのグループの学生の基礎科目と応用科目の試験結果を比較して，これらの点数間にどのような関係が見出されるかを考えてみます。学生の点数は表 4-1 の通りです。

　ここでは10人ずつの学生について共分散を計測します。学生 A から J までの10人で測ると144と正で大きな数値となります。他方，学生 K から T でみればマイナス65となります（表 4-2）。偏差の積がプラス（正）であることは，各偏差はともに正であるか，ともに負であることを意味します。つまり，共分散の関係でいえば，

> 共分散が大きい（正）　→　X の偏差が大きいとき Y の偏差も大きい
> 共分散が小さい（負）　→　X の偏差が大きいとき Y の偏差は小さい

という傾向が伺えます。

　ただし，共分散は計測対象の数値の大きさに影響されます。たとえば，試験が100点満点ではなく10点満点であれば，学生 A から J までの10人の共分散は14.4とかなり小さな数値となり，共分散から2変数間の関係を読み取りづらくなります。この問題点を改善させているのが相関係数となります。

表 4-2 共分散の計算例

学生	基礎科目	応用科目	偏差 基礎科目	偏差 応用科目	偏差の積
A	50	60	−15	−10	150
B	55	55	−10	−15	150
C	45	60	−20	−10	200
D	55	65	−10	−5	50
E	65	60	0	−10	0
F	65	70	0	0	0
G	75	75	10	5	50
H	75	80	10	10	100
I	80	90	15	20	300
J	85	85	20	15	300
平均	65	70		共分散	144.4

学生	基礎科目	応用科目	偏差 基礎科目	偏差 応用科目	偏差の積
K	50	75	−19.5	14.8	−288.6
L	70	40	0.5	−20.2	−10.1
M	75	40	5.5	−20.2	−111.1
N	55	52	−14.5	−8.2	118.9
O	65	65	−4.5	4.8	−21.6
P	65	60	−4.5	−0.2	0.9
Q	75	75	5.5	14.8	81.4
R	75	60	5.5	−0.2	−1.1
S	80	70	10.5	9.8	102.9
T	85	65	15.5	4.8	74.4
平均	69.5	60.2		共分散	−6.0

コラム　共分散

　共分散は2つの経済事象（データ）のばらつき度合いから，その関係を測るものです。本文の例にもあるように，2つの試験の結果でそれぞれのデータのばらつきが同じ方向にあるのか，それとも違う方向にあるのかをみるものです。ただし，データの大きさに影響されるので，次節の相関係数が利用されています。

4.2 相関関係

　相関関係とは2つの変数の間の関係の強弱と方向性を測るものです。具体例で考えてみましょう。表4-1に示した10人の学生（A〜J）の基礎科目と応用科目の試験結果を比較して，これらの点数間にどのような関係が見出されるかを考えてみます。

　まず，データをグラフ化してみましょう（図4-1）。この場合，散布図を利用することになります。グラフからは，基礎科目の点数が高い場合は，応用科目の試験結果も高いことが伺われます。しかし，グラフだけでは，その

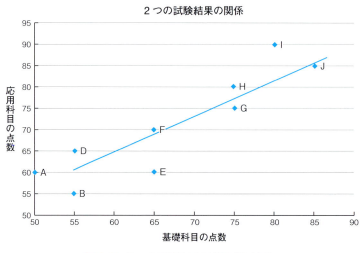

図 4-1　２つの試験結果の状況（散布図）

関係の強さがわかりません。この関係を数値化するのが相関係数となります。

相関係数は，以下の順に求められます。

> ① 基礎科目と応用科目の試験結果ペアの数値の偏差の積の平均を求めます。つまり，ばらつきの平均を求めることになります。ここで求めた数値は共分散といいます。ここで，図 4-2 のように，ペアが平均よりともに下回るか，上回る場合には偏差の積の平均の符号はプラスとなります。しかし，どちらかの科目の動きが異なる場合には平均の符号はマイナスとなります（図 4-3）。
> ② 次に，それぞれの変数の標準偏差を求め，その掛け算を分母とします。つまり，１つの変数のばらつきの大きさを意味することになります。
> ③ 最後に，①の数値を②で求めたそれぞれの数値の標準偏差で割ることにより，相関係数が求められます。

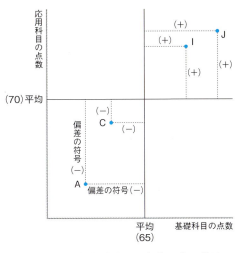

図 4-2 相関係数がプラス（正）になる様子

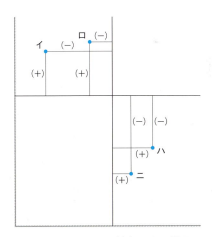

図 4-3 相関係数がマイナス（負）になる様子

表 4-3　相関係数の計算結果

学生	基礎科目	応用科目	偏差 理論	偏差 応用	積	偏差の二乗 理論	偏差の二乗 応用
A	50	60	−15	−10	150	225	100
B	55	55	−10	−15	150	100	225
C	45	60	−20	−10	200	400	100
D	55	65	−10	−5	50	100	25
E	65	60	0	−10	0	0	100
F	65	70	0	0	0	0	0
G	75	75	10	5	50	100	25
H	75	80	10	10	100	100	100
I	80	90	15	20	300	225	400
J	85	85	20	15	300	400	225
平均	65	70	平均		130	165	130
標準偏差	13.54	12.02	平方根			12.85	11.40
			相関係数		0.89		

①から③までの計算をしたものが表 4-3 です。

ここでの計算を式で表すと以下のようになります。相関係数は 2 変数の共分散をそれぞれの標準偏差で基準化したものといえます。

$$\text{相関係数} = \frac{\text{各標本の}[(X\text{の偏差})\times(Y\text{の偏差})]\text{の平均}}{\sqrt{X\text{の偏差の二乗の平均}}\times\sqrt{Y\text{の偏差の二乗の平均}}} \\ = \frac{Cov(X, Y)}{s_X s_Y} \quad (4.2)$$

こうして求められた相関係数 R は $-1 \leq R \leq 1$ となります。

$R = 1$：正の完全な相関

$R > 0$：正の相関

$R = 0$：無相関（相関なし）

$R < 0$：負の相関

$R = -1$：負の完全な相関

となります。

ここで，相関係数が 1 もしくは −1 のとき，完全な相関関係にあるということ，また相関係数が $-1 \leq R \leq 1$ となる理由を考えてみましょう。(4.1)

式の共分散の定義式で，仮に $X=Y$ とします。つまり，X の変動と Y の変動が完全に一致している場合です。この場合には (4.3) 式のように，共分散は X の分散と一致します。また，(4.2) 式の標準偏差も同じく X の分散となりますので，答えが 1 となります。なお，−1 の場合は $X=-Y$ で計算すれば −1 となります。この結果，相関係数は $-1 \leq R \leq 1$ となります。

$$Cov(X, Y) = \frac{1}{n-1}\sum(X_i-\bar{X})(Y_i-\bar{Y}) = \frac{1}{n-1}\sum(X_i-\bar{X})^2 \qquad (4.3)$$

4.3　相関関係の問題点

相関関係はたとえ強い正（もしくは負）の相関係数が得られたとしても，変数間の因果関係を示すものではありません。

たとえば，チョコレートの消費量とノーベル賞受賞者数との関係について 22 カ国のデータで分析した研究があります（メッセーリ，2012）。分析結果はチョコレートの消費量とノーベル賞受賞者数の相関係数は 0.791 となり，強い正の相関関係が確認できました。つまり，チョコレート消費量が多い国ほど，ノーベル賞の受賞者数が多くなるとの結果です（図 4-4）。

一見，このような結果は，チョコレートの脳活性化の効果が高いことを示すように感じられます。しかし，人々が本当にチョコレートを多く食べれば，ノーベル賞の受賞の可能性が高まるのでしょうか。見せかけの関係を示しているだけかもしれません。そもそも，チョコレートのような嗜好品を多く消費できる環境とは何かと考えればどうでしょうか。恐らく，所得の高い家庭であることが推察できます。つまり，所得が高い家庭ほど，チョコレートを購入できる余地が大きいと考えられます。また，所得が高い家庭ほど，より高度な教育を受ける機会が多くなると考えられ，この結果ノーベル賞の受賞確率が高まるのではないでしょうか。つまり，ノーベル賞受賞者数との因果関係では所得水準が原因であるようにも考えることができます。

実際，東京大学（2009）の調査結果でも，両親の年収によって明らかに大学進学率の差があることが示されています。たとえば，年収 400 万円以下の

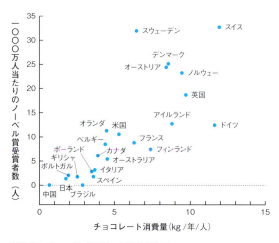

（出所）　Messerli（2012）を筆者が加工

図 4-4　チョコレートの消費とノーベル賞の受賞との関係

家庭では 4 年制大学進学率が 31.4％にとどまるのに対して，1000 万円を超える家庭では 62.4％に達するとのことです。もちろん，ノーベル賞の受賞の要因には各国の研究者の研究環境などもあり，すべてが所得で決定されるわけではありません。

　計量分析では因果関係を想定した上で計測することが重要となります。単に相関関係が認められたからといって，それが因果関係には程遠い場合もあります。この点で，こうした誤った関係を導かないためにも，経済学では「自明」ないしは「所与のもの」で特に実証しなくとも明らかであるとして扱ってよい事項があります（こうしたことを先験的な情報といいます）。ですので，経済理論における先験的な情報に基づき，経済活動における複雑な関係を簡単にしてモデル化することが重要であると考えます。たとえば，金利が上がると資金調達のコストが上がるので，設備投資は減少する場合が多いです。ですので，金利低下＝設備投資の増加といったようなものです。

> **コラム　因果関係と相関関係**
>
> 相関関係とは，一方の経済事象（データ）が変化すれば，他方の経済事象も変化するという関係をいいます。因果関係とは複数の経済的な事象（データ）の間に，原因と結果があると判断できる場合の関係を意味します。たとえば，所得が増加すれば消費が増えるという関係は因果関係といえます。しかし，消費が増えれば所得が増加するわけではありません。因果関係は一方向での関係となります。

4.4　時間的な因果関係

　現実の経済活動はいろいろな事象が相互依存の関係の中で絡み合っています。その際には，時間的な因果関係もまた重要な情報となります。

　たとえば，雷の状況を考えてください。強い稲光の後，大きな雷鳴が生じます。これは時間的にみれば，稲光が生じれば，その後に雷鳴が起こるという安定的な関係を示していますので，予測には利用可能です。しかし，本当の因果関係でいえば，稲光も雷鳴もともに，落雷を原因とする結果です。しかし，落雷を予測することはかなり困難です。また，稲光があったときにはすでに落雷は起こっており，落雷の影響を軽減できるわけではありませんが，確実にその後の雷鳴は予測できます。また，稲光と雷鳴の時間的な間隔を読むことにより，雷雲の接近も予測可能となります。したがって，時間的な因果関係もまた有用な関係といえます。

■ Active Learning

《重要事項のチェック》
　□共分散　□相関関係　□相関係数　□因果関係　□見せかけの関係　□時間的な因果関係

《調べてみよう》

FTA（Free Trade Agreement, 自由貿易協定）などにより，海外からの輸入品が安価で入ってくるが，これが消費者の需要を増加させるのでしょうか。経済学的に因果関係があるのかについて，考えてみましょう。

《Exercises》

[1] 下記の表は5人の統計学の2回の試験結果を示したものである。2つの試験の成績の相関係数について，表を埋めながら，(1)～(8)の数値を求めなさい。統計学それぞれの試験の平均点のみ小数第1位を切り捨てて計算すること。

学生	統計学1回目	統計学2回目	偏差 1回目	偏差 2回目	積	偏差の二乗 1回目	偏差の二乗 2回目
A	60	65					
B	75	85					
C	65	88					
D	70	85					
E	67	90					
平均	(1)	(2)			平均 (3)	(4)	(5)
					平方根	(6)	(7)
					相関係数	(8)	

[2] Aさんは2つの試験で，統計学が85点，日本経済入門が72点という結果であった。統計学の平均点は72点，標準偏差が9点，日本経済入門は平均点65点，標準偏差は5点であった。

(1) 標準化変量を計算し，どちらの試験の方が上位であるか，答えなさい。
(2) Aさんのそれぞれの試験の偏差値を求めなさい。

文献紹介

- Franz H. Messerli（2012）, "Chocolate Consumption, Cognitive Function, and Nobel Laureates," *The New England journal of medicine*, pp.1–3.
- 東京大学（2009）「高校生の進路と親の年収の関連について」大学院教育学研究科 大学経営・政策研究センター，2009年7月31日
- 丸山健夫（2006）『「風が吹けば桶屋が儲かる」のは0.8%!?——身近なケースで学ぶ確率・統計』PHP新書
- 中室牧子・津川友介（2017）『「原因と結果」の経済学——データから真実を見抜く思考法』ダイヤモンド社

第5講 回帰分析とは何か

■これまでの講で，基礎的な統計学の知識，データ（変数）生成過程に関する知識及び，2つの変数間の関係についてみてきました。これ以降の講ではこれまでの知識をもとに回帰分析について学んでいきます。

　回帰分析とは，2つの変数あるいはそれ以上の複数の変数間について，直線的な因果関係を明らかにする統計学的な方法のことです。基本的には相関係数を求める際に散布図を示しましたが，その散布図に直線関係式を与えるのが回帰分析です。定量的な分析では最も利用されています。ここでは，2つの変数の関係性を定量的に定式化する単純回帰（単回帰）分析について説明します。この場合でも2つの変数間に経済理論的な因果関係を想定する必要があります。もっとも，理論的な因果関係を現実の経済活動で即座に当てはめるのは難しいものです。したがって，最初は理論的な関係をより拡大解釈する形で始めてもよいと思います。

5.1　単回帰モデルとは何か

　はじめに，Xを原因，Yを結果と見立てて，2つの変数の関係を1次方程式で表すと，

$$Y_i = \alpha + \beta X_i + u_i \tag{5.1}$$

となります。これを**単純回帰モデル**（単回帰モデル）と呼びます。回帰とは元に戻るということで，「X_iをY_iに回帰する」というのはX_iを使ってY_iを推定することをいいます。X_iはY_iを説明する変数のため**説明変数**と呼ばれます。Y_iは**被説明変数**といいます。また，αとβは**回帰係数**（**パラメータ**とい

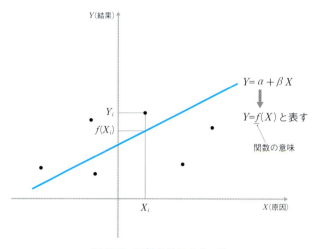

図 5-1　回帰分析のイメージ

ます)，u_i は誤差項あるいはかく乱項とも呼ばれますが，簡単にいえば Y_i の変化が X_i の変化だけで説明がつかない部分のことを意味します。

　回帰分析では $α$ と $β$ の回帰係数を推定することになります。たとえば，X_i と Y_i との変数の関係を実際に図示してみましょう（図 5-1）。

　ここで，このプロットされた点を直線的に当てはめる直線を引きます。この直線と個々の点 (X_i, Y_i) とのズレ（残差といいます）を最小にする直線を導き出すことが回帰分析です。残差を式で示せば，絶対値の表現を用いて実績値 Y_i と推定された $\hat{Y}_i$ との差異 $|Y_i - (\hat{α} + \hat{β}X_i)|$ となります。このように絶対値でみるのは，誤差には符号がマイナスになるものが含まれているからです。それぞれ二乗にしてプラスのデータに変換してから，その合計を最小にする直線式を求めることになります。このような手順で回帰係数を求めるため，最小二乗法とも呼ばれています。

　現在は，最小二乗法はいろいろな計量経済分析ソフトや Excel などの表計算ソフトでも簡単にできるため，その意味を理解せずに利用している場合もありますが，ここでは式の展開だけでなく，実際の数値を用いて，感覚的にも理解しましょう。

> **コラム　回帰係数（パラメータ）と本書での表記**
>
> 　計量経済学の実質的な目的は回帰係数（パラメータ）を求めることです。2つの変数間の直線的な関係を求めるのが単回帰モデル $Y_i = \alpha + \beta X_i + u_i$ です。このモデルの傾きに当たる β と，切片 α は2つの変数の関係を結びつけるものとなります。
>
> 　本書では，推定された数値であることを示すものとして，特に，$\hat{\alpha}$, $\hat{\beta}$ とハットを付けています。なお，平均値は $\bar{\alpha}$, $\bar{\beta}$ のようにバーを付けています。

　具体的に，回帰分析を求める方法は，以下のようになります。まず，観測値と推定値の差異である残差 $\hat{u}_i$ は

$$\hat{u}_i = Y_i - \hat{Y}_i = Y_i - (\hat{\alpha} + \hat{\beta} X_i) \tag{5.2}$$

と表現できます。残差はマイナスの数値もあるので，残差を2乗してその総計（**残差平方和**）を求めると観測値と推定値の差異の大きさがわかります。残差平方和は

$$\sum \hat{u}_i^2 = \sum (Y_i - \hat{Y}_i)^2 = \sum [Y_i - (\hat{\alpha} + \hat{\beta} X_i)]^2 \tag{5.3}$$

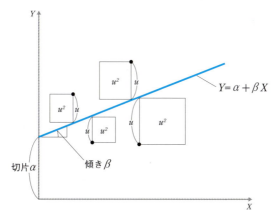

図 5-2　回帰分析の概念

5.1　単回帰モデルとは何か

この残差平方和を最小にする $\hat{\alpha}$ と $\hat{\beta}$ の値を求める作業が回帰分析となります（図 5-2）。

■ 回帰係数の求め方

さて，最小の $\hat{\alpha}$ と $\hat{\beta}$ の値は残差平方和の式を偏微分すると求めることができます。

> **コラム　偏微分とは何か**
>
> 微分は，その文字通り「微（わずか）」の動きをみるものです。たとえば，新東名高速道路で平均 80km/h で走っている自動車を追い抜くためには，瞬間的に 110km/h を出す必要があります（新東名高速道路は 2017 年 11 月より試験的に 110km/h に最高速度が引き上げられていますので，110km/h で追い越しても速度違反にはなりません）。
>
> この瞬間速度に該当するのが微分という考え方です。つまり，ある経済活動の瞬間的な動き（微かな動き）を検討するために微分が用いられています。
>
> その中で，推定されたモデルでいえば，説明変数が複数ある場合，すべての変数の瞬間的な動きをみるのが「全微分」といいます。それに対して，ある 1 つの変数のみ微分し，ほかの変数は固定させるものを「偏微分」といいます。本書では $\hat{\alpha}$ と $\hat{\beta}$ の値をそれぞれ 1 つずつ偏微分しています。

残差平方和：

$$\sum [Y_i - (\hat{\alpha} + \hat{\beta} X_i)]^2 = \hat{\beta}^2 \sum X_i^2 + n\hat{\alpha}^2 + \sum Y^2 - 2\hat{\beta} \sum X_i Y_i \\ - 2\hat{\alpha} \sum Y_i + 2\hat{\alpha}\hat{\beta} \sum X_i \tag{5.4}$$

$\hat{\alpha}$ で偏微分：$2n\hat{\alpha} - 2\sum Y_i + 2\hat{\beta} \sum X_i = 0$

$\hat{\beta}$ で偏微分：$2\hat{\beta} \sum X_i^2 - 2\sum X_i Y_i + 2\hat{\alpha} \sum X_i = 0$

となります。これをさらに整理すると，

$$\sum Y_i = n\hat{\alpha} + \hat{\beta} \sum X_i \tag{5.5}$$

$$\sum X_i Y_i = \hat{\alpha} \sum X_i + \hat{\beta} \sum X_i^2 \tag{5.6}$$

表 5-1 回帰分析の計算例

学生	実績値		X_iY_i	X_i^2	Y_i^2	推定値	
	X_i 基礎科目	Y_i 応用科目				Y_i 推定値	残差
A	50	60	3000	2500	3600	59.536	−0.464
B	55	55	3025	3025	3025	63.626	8.626
C	45	60	2700	2025	3600	55.446	−4.554
D	55	65	3575	3025	4225	63.626	−1.374
E	65	60	3900	4225	3600	71.806	11.806
F	65	70	4550	4225	4900	71.806	1.806
G	75	75	5625	5625	5625	79.986	4.986
H	75	80	6000	5625	6400	79.986	−0.014
I	80	90	7200	6400	8100	84.076	−5.924
J	85	85	7225	7225	7225	88.166	3.166
合計	650	700	46800	43900	50300		

$$\hat{\beta} = \frac{n\sum X_iY_i - \sum X_i\sum Y_i}{n\sum X_i^2 - (\sum X_i)^2} = \frac{10 \times 46800 - 650 \times 700}{10 \times 43900 - 650 \times 650} = 0.788$$

$$\hat{\alpha} = \frac{\sum Y_i - \hat{\beta}\sum X_i}{n} = \frac{700 - \frac{16900}{21450} \times 650}{10} = 18.788$$

となります．この式から

$$\hat{\alpha} = \frac{\sum Y_i - \hat{\beta}\sum X_i}{n} = \bar{Y}_i - \hat{\beta}\bar{X}_i$$

$$\hat{\beta} = \frac{n\sum X_iY_i - \sum X_i\sum Y_i}{n\sum X_i^2 - (\sum X_i)^2} = \frac{\sum(X_i - \bar{X})(Y_i - \bar{Y})}{\sum(X_i - \bar{X})^2} = \frac{X と Y の共分散}{X の分散}$$

となります．

これだけではわかりづらいでしょうから，ここでは，**第4講**の相関係数の計測で用いた数値例をもとに考えてみましょう（表 5-1）。先ほどは2つの試験結果の関係を相関係数で表しました．回帰分析では基礎科目の試験結果から応用科目の試験結果を予測することとなります．つまり，ここでは基礎科目の試験結果の良い人は応用科目の試験結果が良いという因果関係を想定しています．

まず，X_i と Y_i に該当する変数及び，X_iY_i，X_i^2 総和を求めます．ここから

$\hat{\beta}$ を求めると，$\hat{\beta} = 0.788$ となり，$\hat{\alpha} = 18.788$ となります。2つの試験に関する回帰分析の結果，

$$Y_i = 18.788 + 0.788 X_i$$

となります。

> **コラム 「残差」と「誤差」**
>
> 残差と誤差は区別せずに用いられる場合が多いようです。また，実際の回帰分析の推定では，残差と誤差は同じ数値をとることとなります。
> というのは，回帰係数の真の値を私たちが知ることができないからです。経済活動はかなり複雑であり，消費行動一つをとっても個々で異なっているのが当然です。しかし，分析に当たっては，平均的な消費行動をモデル化しています。モデル化とはある意味で，消費行動を簡素な形で表現することです。そのため，誤差とは観測値の中で真の回帰係数で説明できない部分を意味しますので，誤差を正確に知ることが困難となります。そこで実際の推定の中で，観測値と推定値との差異として残差が用いられています。

5.2 Excel を用いた単回帰分析

ここでは，表計算ソフトの Microsoft「Excel 2016」を用いて実際のデータを分析してみましょう。

データは表4-1のうち A～J の10人の学生の試験の点数を使用することとします。まずは新規のワークシートに必要な数値を入力しましょう。

■ Excel 上での準備

Excel では回帰分析を行うには［分析ツール］を使います。ただし，通常は［分析ツール］は表示されていませんので，［分析ツール］をアドインする必要があります。そのためには，まずメニューバーのタブから［ファイル］を選び，左のメニューの中から［オプション］を選びます（図5-3）。次に，［Excel のオプション］の中から［アドイン］を選びます（図5-4）。

図 5-3　Excel の画面（1）

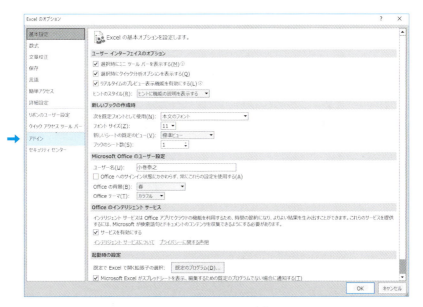

図 5-4　Excel の画面（2）

5.2　Excel を用いた単回帰分析

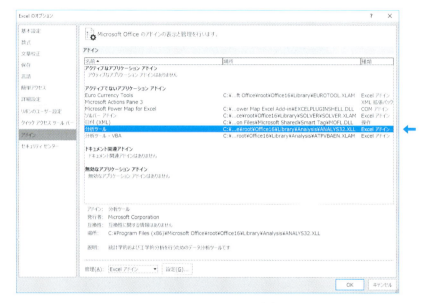

図 5-5　Excel の画面（3）

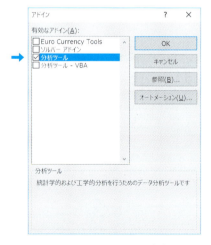

図 5-6　Excel の画面（4）

表示されたアドインの中の［アクティブなアプリケーション アドイン］の中に［分析ツール］が含まれているかどうかを確認し，［OK］をクリックしてください（図5-5）。

みつからない場合は，一番下の［管理］から［Excel アドイン］を選択して［設定］をクリックし，表示されたダイアルボックスの［分析ツール］にチェックを入れて［OK］をクリックします（図5-6）。これでメニューバーの［データ］タブのリボンに［分析］が追加されます（追加されていない場合は，一度 Excel を閉じて，再起動してみてください）。

■ 回帰分析の実施

Excel の通常のページのメニューバーから［データ］タブを選び，その中にある［データ分析］をクリックします（図5-7）。［データ分析］のダイアログボックスから［回帰分析］を選択して［OK］をクリックします（図5-8）。すると［回帰分析］のダイアログボックスが出てきます。まず［入力Y範囲］の入力ボックス内にカーソルを合わせ，それからワークシート内の応用科目の数値が入力されている範囲のセルを選択します。そうすると［入力Y範囲］には被説明変数である応用科目の10人の点数の範囲が指定されます。同様に［入力X範囲］欄に説明変数の基礎科目の10人の点数の

図 5-7　Excel の画面（5）

図 5-8
Excel の画面（6）

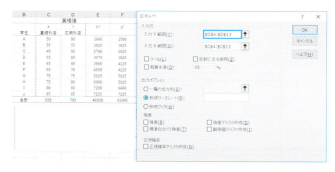

図 5-9　Excel の画面（7）

表 5-2　Excel での推定結果

概要

回帰統計	
重相関 R	0.887625
重決定 R2	0.787879
補正 R2	0.761364
標準誤差	5.87109
観測数	10

分散分析表

	自由度	変動	分散	観測された分散比	有意 F
回帰	1	1024.242	1024.242	29.71428571	0.000608
残差	8	275.7576	34.4697		
合計	9	1300			

	係数	標準誤差	t	P-値	下限 95%	上限 95%	下限 95.0%	上限 95.0%
切片	18.78788	9.576549	1.961863	0.085411662	−3.29568	40.87144	−3.29568	40.87144
X 値 1	0.787879	0.144536	5.451081	0.000607926	0.454578	1.12118	0.454578	1.12118

範囲を指定します（図 5-9）。また，推定結果の出力先は［新規ワークシート］が指定されていますので，［OK］をクリックすると新たなワークシートに分析の結果が表示されます（表 5-2）。

■ 重回帰分析の場合

　第 9 講で説明する重回帰分析は，説明変数の数が 2 つ以上になる場合です。Excel で推定する場合は，［入力 X 範囲］に 2 つ分の説明変数を指定します。それ以外は単回帰分析と同じです。

5.3 Excel による単回帰分析の結果の評価----

　Excel での推定結果は当然ですが，表 5-1 の結果と同じものとなっています。推定結果では，一般的に，①回帰分析の当てはまり（適合度）を示す「重決定 R2」（上段の表），②切片以外の説明変数は有意であるのかを示す「有意 F」（中段の表），及び③回帰係数が有意であるかを示す「標準誤差」と「t」（下段の表），の 3 点に注目が集まります。

　回帰分析の適合度は 0.787879 となっていますので，基礎科目の結果で応用科目の試験結果は 78.7％となり，概ね 80％程度は説明できることを意味しています。もちろん，標本数が 10 名と少ないことや，試験の結果にはほかの要因が影響していることは十分考えられますので，そうした要因も勘案して説明力も 80％程度であるともいえます。

　回帰分析は「切片以外のすべての説明変数は無効」との帰無仮説で推定しています。つまり，説明変数の効果が 0 であるとの仮説を検証しているわけです。帰無仮説とは，文字通り「無いことにしたい仮説」です。ですので，分析者が選択した説明変数が適切であったのかを確認することになります（帰無仮説については第 7 講で改めて取り上げます）。そこで，「有意 F」は帰無仮説のもとで，偶然によって標本が観測されてしまう確率の上限を意味しています。ここでの計測結果では，0.000608 であることから，帰無仮説が正しいとすれば 0.0608％以下の確率でしか起こらないことを示しており，かなり生じる可能性は低いと判断できます。したがって，説明変数は効果を有していると判断できます。

　最後に，個々の説明変数の回帰係数が意味のある変数になっているかを確認します。ここでは単回帰分析ですが，第Ⅱ部以降で扱う重回帰分析ではより重要な数値となってきます。

　まず，説明変数の回帰係数の大きさを確認します。回帰係数は 0.787879 となっていますので，基礎科目の点数が 1 点上昇（下落）すれば，応用科目の試験は 0.79 点の上昇（下落）することを意味しています。

　この関係が意味のあることになっているのかを確認するのが「標準誤差」

と「t」です。回帰係数はそもそも平均的な結果となっています。その平均値がどの程度信頼できるものかについては，既に**第2講**で確認したようにばらつきの尺度で確認することになります。

回帰係数のばらつきの尺度に相当するのが「標準誤差」です。ですから，「標準誤差」は推定に用いるサンプル数が増加すると小さくなりますし，平均値を中心に標準誤差で確認すると，どの程度の信頼性があるかを確認できることとなります。その「標準誤差」での判断をわかりやすくしたものが「t」となります。一般的には t 値と呼ばれています。t 値は2を上回っていれば概ね回帰係数は意味のある数値であることを示しているとされます。ここでの推定結果は 5.451081 ですので意味のある結果といえます（t 値について，詳しくは**第6講6.5節**で説明します）。

このように，簡単ですが，3つの指標から，ここでの推定結果は意味のある結果であり，基礎科目の結果から応用科目の結果を予測できることを示しています。

ここでは簡単な見方のみを示しました。それぞれの推定結果を示す数値がどのように計算されているかについては，次講にて確認します。

■ Active Learning

《重要事項のチェック》……………………………………………………
　□単回帰モデル　□説明変数　□回帰係数（パラメータ）　□誤差項　□残差
　□最小二乗法　□重決定R2　□標準誤差　□帰無仮説

《調べてみよう》……………………………………………………
単回帰分析で推定上の誤差を大きくする要因は何でしょうか。モデル，データの側面から考えてみましょう。

《Exercises》……………………………………………………
下表は2015年度国民経済計算年報から民間最終消費支出（実質），家計可処分所得（名目），民間最終消費支出デフレーターを掲載している。

暦年	可処分所得（総）名目（兆円）	民間最終消費支出 実質（兆円）	民間最終消費支出 デフレーター
1994	299.2	244.4	109.8
1995	303.6	250.5	109.4
1996	303.8	255.7	109.5
1997	311.3	257.5	110.8
1998	313.8	256.0	110.7
1999	310.6	259.0	110.0
2000	307.4	263.0	109.0
2001	298.8	268.0	107.8
2002	297.4	271.2	106.3
2003	293.3	273.0	105.2
2004	294.5	276.6	104.6
2005	295.5	280.0	104.1
2006	295.4	282.9	104.1
2007	297.3	285.5	103.7
2008	296.2	282.6	104.4
2009	293.5	280.6	102.0
2010	294.4	287.4	100.6
2011	292.0	286.3	100.0
2012	292.0	292.1	99.4
2013	291.0	299.0	99.2
2014	291.4	296.4	101.2
2015	294.6	295.2	101.6

(注) 1. 数値はすべて「2015年度国民経済計算（2011年基準・2008SNA）」より用いている。
2. 可処分所得（総）は「Ⅱ．制度部門別所得支出勘定」の「5．家計（個人企業を含む）」より，「(2) 所得の第2次分配勘定」の2.4項の数値を用いている。
3. 民間最終消費支出（実質）は「Ⅴ．主要系列表」の「実質」の「暦年」より，「1．国内総生産（支出側，実質：連鎖方式）」の1項の数値を用いている。
4. 民間最終消費支出（デフレーター）は「Ⅴ．主要系列表」の「デフレーター」の「暦年」より，「1．国内総生産（支出側，デフレーター：連鎖方式）」の1項の数値を用いている。

(1) このデータの散布図を作成しなさい。なお，どの変数を縦軸あるいは横軸に用いるかも考えて描きなさい。
(2) 消費関数を推定しなさい。
(3) 回帰分析の結果について，検討しなさい。

文献紹介

- 伴金美・跡田直澄・中村二朗（2006）『エコノメトリックス［新版］』有斐閣
- 岡部恒治（1994）『マンガ・微積分入門——楽しく読めて，よくわかる』講談社

第6講 推定結果の評価
: Excelの推定結果表の見方

■第5講では単回帰モデルの推定を行ってきました。では，推定された結果が，被説明変数をどの程度説明できているのか，その精度（どの程度の確からしさであるのか）を確認する必要があります。ここでは，Excelによる単回帰分析を行った際に，同時に表示される種々の統計量（推定されたモデルの精度を示す数値）の見方を解説します。

6.1 決定係数

ここでも第4講の学生の試験結果の例を使って考えてみます。第5講で示したExcelによる推定結果表（表6-1）をもとに，回帰分析の評価の内容をみてみましょう。図6-1は，被説明変数である応用科目の試験結果の実績値と推定された値（推定値といいます）をそれぞれの学生について比較したものです。学生FやJはほぼ再現できており，学生BやEは推定値の方が過大なものとなっていますが，概ね推定結果は良好のようにみえます。しかし，具体的にはどの程度，実績値と推定値は適合しているのでしょうか。この適合度のことを決定係数 R^2（アールスクエアーと呼びます）といいます。決定係数は実績値の変動と推定値の変動を比較して，どの程度回帰分析によって説明されているかを示しています。

ここで，実績値の平均値周りの変動は，実績値を Y_i，平均値を $\bar{Y}$ とすれば，以下のように表せます。

$$\sum (Y_i - \bar{Y})^2 \tag{6.1}$$

表 6-1　Excel による推定結果（表 5-2 再掲）

概要

回帰統計	
重相関 R	0.887625
重決定 R2	0.787879
補正 R2	0.761364
標準誤差	5.87109
観測数	10

分散分析表

	自由度	変動	分散	観測された分散比	有意 F
回帰	1	1024.242	1024.242	29.71428571	0.000608
残差	8	275.7576	34.4697		
合計	9	1300			

	係数	標準誤差	t	P-値	下限 95%	上限 95%	下限 95.0%	上限 95.0%
切片	18.78788	9.576549	1.961863	0.085411662	−3.29568	40.87144	−3.29568	40.87144
X 値 1	0.787879	0.144536	5.451081	0.000607926	0.454578	1.12118	0.454578	1.12118

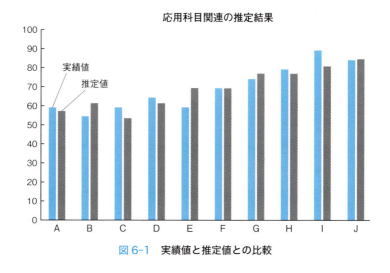

図 6-1　実績値と推定値との比較

　これは実績値と平均値との偏差の平方和となっています。他方，推定値 $\hat{Y}_i$ と実績値の平均値とのかい離は

$$\sum (\hat{Y}_i - \bar{Y})^2 \tag{6.2}$$

となり，推定値と平均値との偏差の平方和（回帰平方和）となります。

決定係数 R^2 は回帰分析の当てはまりの指標であり，実績値と平均値との偏差平方和のうち，推定値と実績平均値との偏差平方和によって説明できる割合で表します．

$$R^2 = \frac{\sum(\hat{Y}_i - \bar{Y})^2}{\sum(Y_i - \bar{Y})^2} = \frac{\beta^2 \sum(\hat{X}_i - \bar{X})^2}{\sum(Y_i - \bar{Y})^2} = \frac{[\sum(X_i - \bar{X})(Y_i - \bar{Y})]^2}{\sum(X_i - \bar{X})^2 \sum(Y_i - \bar{Y})^2}$$
$$= \frac{[n\sum X_i Y_i - \sum X_i \sum Y_i]^2}{[n\sum X_i^2 - (\sum X_i)^2][n\sum Y_i^2 - (\sum Y_i)^2]} \quad (6.3)$$

　また，残差平方和を示す (5.3) 式を用いて，決定係数は (6.5) 式のように，「1 から全変動に占める説明できない部分を差し引いた」形で表現できます．

$$\sum \hat{u}_i^2 = \sum(Y_i - \hat{Y}_i)^2 = \sum[Y_i - (\hat{\alpha} + \hat{\beta} X_i)]^2 \quad (5.3)$$

$$\frac{\sum(Y_i - \bar{Y})^2}{\sum(Y_i - \bar{Y})^2} = \frac{\sum(\hat{Y}_i - \bar{Y})^2}{\sum(Y_i - \bar{Y})^2} + \frac{\sum \hat{u}_i^2}{\sum(Y_i - \bar{Y})^2} = 1 \quad (6.4)$$

$$R^2 = \frac{\sum(\hat{Y}_i - \bar{Y})^2}{\sum(Y_i - \bar{Y})^2} = 1 - \frac{\sum \hat{u}_i^2}{\sum(Y_i - \bar{Y})^2} \quad (6.5)$$

　つまり，全体の変動に占める推定値での変動を意味しますので，決定係数 R^2 は概ね $0 \leq R^2 \leq 1$ の範囲にあり，1 に近いほど適合度が高いといえます．このような (6.3) 式で計算されているのが，表6-1 の「重決定 R2」に該当します．

　この他，Excel の推定結果には「重相関 R」「補正 R2」があります．「重相関 R」とは決定係数は二乗値であるため，尺度をもとの単位に戻すために，決定係数の正の平方根を計算したもののことです．

$$重相関 R = \sqrt{\frac{\sum(\hat{Y}_i - \bar{Y})^2}{\sum(Y_i - \bar{Y})^2}} = \sqrt{決定係数} \quad (6.6)$$

　「補正 R2」の意味は次節で説明します（なお，Excel による推定結果で用いられている「重決定 R2」「重相関 R」「補正 R2」という用語は一般的には用いられていません）．

6.2 自由度修正済決定係数

　ここで行っているのは，説明変数が1つである単回帰分析ですが，より推定精度を上げるために，説明変数を追加して推定するとします。仮に，追加した説明変数が全く説明力のない変数であった場合，当該説明変数の回帰係数はゼロであることが期待されます。この場合には，変数を追加する以前と推定値と実績平均値との偏差平方和（$\sum(\hat{Y}_i - \bar{Y})^2$）は変化なく，決定係数も変わりません。

　しかし，一般的には，意味のない説明変数であったとしても，回帰係数がゼロとなることはなく，何らかの回帰係数が計算されることになります。この場合には適切ではないものの残差平方和$\sum \hat{u}_i^2$は多少なりとも縮小します。この結果，(6.5) 式をみてもわかる通り，決定係数は上昇することとなります。つまり，説明力のない無意味な説明変数を追加するほど，決定係数は改善することとなりますが，明らかに過大評価であることもわかります。

　そこで，説明変数を追加することによる影響を小さくするために，**自由度**（統計量の中で自由に動かせる変数の個数）を考慮した決定係数のことを**自由度修正済決定係数** $\bar{R}^2$ といいます。Excelの結果にある「補正R2」とは，この自由度修正済決定係数のことを指します。いま，サンプル数 n，定数項を含む係数の数 k とすると，自由度修正済決定係数は以下のように表されます。

$$\text{自由度修正済決定係数 } \bar{R}^2 = 1 - \frac{\sum \hat{u}_i^2}{\sum(Y_i - \bar{Y})^2} \cdot \frac{n-1}{n-k}$$

$$= 1 - (1 - 決定係数) \cdot \frac{(サンプル数 - 1)}{(サンプル数 - 係数の数)} \quad (6.7)$$

　自由度修正済決定係数は $\bar{R}^2$ とあるので，二乗値でマイナスの値はとらないような印象を与えますが，(6.7) 式をみてもわかる通り，結果がマイナスになる場合もあります。このような場合はあまりにも意味のないデータ間の関係性を評価していると考えて良いでしょう。

表 6-2 決定係数の推定例

学生	X_i 基礎科目	Y_i 応用科目	X_iY_i	X_i^2	Y_i^2	Y_i 推定値	残差
A	50	60	3000	2500	3600	58.182	−1.818
B	55	55	3025	3025	3025	62.121	7.121
C	45	60	2700	2025	3600	54.242	−5.758
D	55	65	3575	3025	4225	62.121	−2.879
E	65	60	3900	4225	3600	70.000	10.000
F	65	70	4550	4225	4900	70.000	0.000
G	75	75	5625	5625	5625	77.879	2.879
H	75	80	6000	5625	6400	77.879	−2.121
I	80	90	7200	6400	8100	81.818	−8.182
J	85	85	7225	7225	7225	85.758	0.758
合計	650	700	46800	43900	50300		

6.3 Excel の表計算シートを用いた決定係数の計算

では，具体的に数値例を使って，Excel で決定係数を計算してみましょう。(6.3) 式にしたがって，表 6-2 の該当する数値を入れると，

$$R^2 = \frac{[n\sum X_iY_i - \sum X_i \sum Y_i]^2}{[n\sum X_i^2 - (\sum X_i)^2][n\sum Y_i^2 - (\sum Y_i)^2]}$$

$$= \frac{(10 \times 46800 - 650 \times 700)^2}{(10 \times 43900 - 650 \times 650) \times (10 \times 50300 - 700 \times 700)} = 0.78787$$

となります。Excel の推定結果通り，78.7％の適合度があるといえます。

コラム 決定係数と相関係数との関係

2 つの決定係数と相関係数の計算式を眺めてみましょう。決定係数は共分散の二乗を X と Y の分散の積で割ったものとして計算されています（詳しくは**第 4 講**を参照してください）。

他方，相関係数は共分散を X と Y の標準偏差の積で割ったものです。標準偏差を二乗すると分散ですから，決定係数は相関係数の二乗の値であることがわかります。

この点で，ともに変数間の関係性の適合度を表しているといえます。

$$R^2 = \frac{[\sum (X_i - \bar{X})(Y_i - \bar{Y})]^2}{\sum (X_i - \bar{X})^2 \sum (Y_i - \bar{Y})^2} = \frac{共分散の二乗}{Xの分散 \times Yの分散}$$

$$R = \frac{共分散}{Xの標準偏差 \times Yの標準偏差}$$

6.4　標準誤差

　表6-1のExcelの推定結果には，標準誤差が2カ所出てきます。ともに，推定されたデータが真の値からどの程度かい離しているのかを示す指標です。標準誤差とは母集団の平均μの区間推定量のことです。標準誤差sを用いて$\bar{X} \pm 1s$の範囲に母集団平均μが入る確率は68％，$\bar{X} \pm 2s$場合95％，$\bar{X} \pm 3s$の場合99.7％となります。

　標準誤差は回帰係数がどの程度不確かであるかを示していますので，標準誤差が小さいほど，回帰係数の推定精度が高いことを意味します。また，標準誤差は，標本数が多ければ多いほど，小さくなります。

　Excelの推定結果の「回帰統計」の標準誤差は，推定されたデータが実績値Y_iとどの程度かい離しているのか，平均的なばらつきの推定値を意味しています。

　他方，「各回帰係数の表」にある標準誤差は推定された回帰係数が真の係数からどの程度かい離しているのかを示す指標です。

> **コラム　区間推定とはなにか**
>
> 　区間推定とは，標本の統計量をもとに母集団の平均などを幅（区間）を持たせて推定する方法のことです。この推定した区間のことを信頼区間と呼びます。
> 　具体的には，以下のように計算します。
>
> $$標本平均 \pm \frac{t分布表の数値 \times 標本標準誤差}{\sqrt{標本の数}}$$
>
> 　t分布表の数値は表6-4に掲載されています。自由度＝「標本数－1」における信頼度合いを選択してその数値を利用します。

6.5　t 値（t-value）

　推定された回帰係数が統計学的にみて，「ゼロ」でないかどうかを判断する統計量として t 値が利用されています。仮に，回帰係数がゼロであるとすれば，当該の変数は何ら被説明変数に影響を与えていないことを意味しますので，不要な変数といえます。

　直観的にいえば，回帰係数は推定された値であるため，必ずしも真の係数と一致せずに，かい離していることが想定されます。推定された回帰係数が真の値からどの程度かい離しているのかを確認する統計量は標準誤差（ばらつきの尺度）となります。t 値はこの標準誤差を基準として推定された係数を評価する形で計算します。

$$t\,値 = \frac{回帰係数の推定値}{回帰係数の標準誤差}$$

　これについても，先ほどの試験結果の例で確認してみましょう。計算手順は次の通りです。

　①残差の分散 s^2 を算出します。分散は残差平方和をサンプル数で割ることにより求められますが，ここでは単回帰での推定のためサンプル数より 2 少ない数で割って分散が計算されます。これを不偏分散といいます。

$$s^2 = \frac{残差平方和}{サンプル数-2} = \frac{\sum \hat{u}_i^2}{n-2}$$

　ここで分母は自由度 $n-2$ と呼ばれます。自由に動かせる独立な観測データの個数が n 個の場合，自由度 n といいます。なぜ，2 を引くかといえば，残差には 2 つの情報量（ここでは単回帰を対象としていますので，回帰係数 $\hat{\alpha}$, $\hat{\beta}$）があり，自由度として扱えるのはそれらを抽出した残りの情報と考えられるため，残った情報量＝自由度は $n-2$ となります。

　②次に，回帰係数 $\hat{\alpha}$, $\hat{\beta}$ の分散を推定します。推定された回帰係数が真の値からどの程度かい離しているのかを確認する統計量は標準誤差（ばらつきの尺度）となります。したがって，推定値から推定値合計の平均値を控除した数値（偏差）の二乗値をサンプルサイズで除したものが標準誤差となり

表 6-3　t 値の計算の数値例

学生	基礎科目の点数 X_i	応用科目の試験 Y_i	偏差 基礎科目 $X_i-\bar{X}$	偏差 応用科目 $Y_i-\bar{Y}$	基礎科目の偏差と応用科目の偏差の積 $(X_i-\bar{X})\times(Y_i-\bar{Y})$	基礎科目の偏差の二乗の平均	応用科目の推定値	残差 $Y_i-\hat{Y}_i$	残差の二乗 $(Y_i-\hat{Y}_i)^2$
A	50	60	−15	−10	150	225	58.18	1.82	3.31
B	55	55	−10	−15	150	100	62.12	−7.12	50.71
C	45	60	−20	−10	200	400	54.24	5.76	33.15
D	55	65	−10	−5	50	100	62.12	2.88	8.29
E	65	60	0	−10	0	0	70.00	−10.00	100.00
F	65	70	0	0	0	0	70.00	0.00	0.00
G	75	75	10	5	50	100	77.88	−2.88	8.29
H	75	80	10	10	100	100	77.88	2.12	4.50
I	80	90	15	20	300	225	81.82	8.18	66.94
J	85	85	20	15	300	400	85.76	−0.76	0.57
合計									275.76
平均	65.0	70.0				165.0			
標準偏差	13.5	12.0	13.5	12.0					

① 残差の二乗を標本数で割る　　　　　　　34.470
② 残差の標準誤差　　　　　　　　　　　　5.871
③ 基礎科目の標準偏差（偏差の二乗の平均）　13.540
④ 標本数の平方根　　　　　　　　　　　　3.162
⑤ 傾きの標準誤差　　　　　　　　　　　　0.137
⑥ t 値　　　　　　　　　　　　　　　　　5.967

ます。推定値と標準誤差との関係をみた統計量となります。

$$s_{\hat{\beta}}^2 = \frac{s^2}{\sum(X_i-\bar{X})^2}$$

$$s_{\hat{\alpha}}^2 = \frac{s^2\sum X_i^2}{n\sum(X_i-\bar{X})^2}$$

上式より

$$t = \frac{\hat{\beta}}{s_{\hat{\beta}}}$$

ここで，先ほどの数値例から t 値を求めてみましょう。表 6-3 をみてください。それぞれの関連した数値を求めて計算すると，t 値は 5.967 となります。

t 値の分布はゼロを中心に左右対称にばらつく分布であり，t 値が絶対値で 2 を超えていれば，5% 以下の確率でしか発生しない珍しい状況にあると判断されます。つまり，t 値で検定する「推定された回帰係数がゼロ」であ

表6-4 t分布表（片側検定）

	片側検定 有意水準		
	10%	5%	1%
1	6.314	12.706	63.657
2	2.920	4.303	9.925
3	2.353	3.182	5.841
4	2.132	2.776	4.604
5	2.015	2.571	4.032
6	1.943	2.447	3.707
7	1.895	2.365	3.499
8	1.860	2.306	3.355
9	1.833	2.262	3.250
10	1.812	2.228	3.169
11	1.796	2.201	3.106
12	1.782	2.179	3.055
13	1.771	2.160	3.012
14	1.761	2.145	2.977
15	1.753	2.131	2.947
16	1.746	2.120	2.921
17	1.740	2.110	2.898
18	1.734	2.101	2.878
19	1.729	2.093	2.861
20	1.725	2.086	2.845
21	1.721	2.080	2.831
22	1.717	2.074	2.819
23	1.714	2.069	2.807
24	1.711	2.064	2.797
25	1.708	2.060	2.787
26	1.706	2.056	2.779
27	1.703	2.052	2.771
28	1.701	2.048	2.763
29	1.699	2.045	2.756
30	1.697	2.042	2.750
40	1.684	2.021	2.704
60	1.671	2.000	2.660
120	1.658	1.980	2.617
∞	1.645	1.960	2.576

るとの仮説は間違っていることを意味し，回帰係数の結果を利用することができます。

ここでt値は「説明変数の真の係数がゼロである」という帰無仮説を対象としていますので，概ね2以上になれば，説明変数の係数はゼロではないとの評価が可能となります。t値の場合2以上であるかが注目されることになります。

表6-1によれば，回帰係数のt値は5.45であり，説明変数の係数はゼロ

ではなく有意といえます。

ただし,より厳密に t 値が適切なものであるかを判断する場合には,t 分布表(表6-4)を利用します。

> **コラム　t 値で2が大事な理由**
>
> 　t 値は「2以上なら大丈夫」といわれます。なぜ2以上なら大丈夫なのでしょうか。簡単にいうと,t 値が2というのは,偏差値が70と同じ程度に稀なことを表しているからです。
>
> 　身長を小さい順から並べていくと,最初は人数が少なく,平均辺りが一番人数が多く,高くなるとまた減っていくという図が描けます。同様なことは体重やテストの点でも起こります。図6-2は,テストの点数のヒストグラムです。横軸に10点刻みのテストの点数,縦軸に人数をとり棒グラフにしたものです。このような形の分布は第2講の図2-1の(C)に近く,正規分布に従っていると仮定することができます。
>
>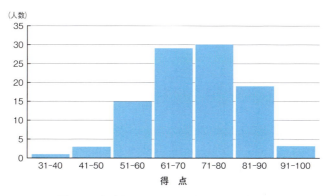
>
> **図6-2　経済学のテストの得点のヒストグラム**
>
> 　上述の事例は平均70.6点,標準偏差11.5です。ここで,平均が0,標準偏差が1に基準化した正規分布のことを**標準正規分布**と呼びます。
>
> 　個々の学生のテストの点を加工して,平均ゼロ,標準偏差1として基準化したものを **Z 値** といいます。
>
> $$Z 値 = \frac{(個人の点数 - 平均点)}{標準偏差}$$
>
> 　Z 値と同様,分布の中での位置を示すものとして偏差値があります。Z 値は平均がゼロですが,偏差値は平均を50としています。Z 値の標準偏差は1ですが,偏差値は10としています。偏差値と Z 値は同じような性質を持つもの

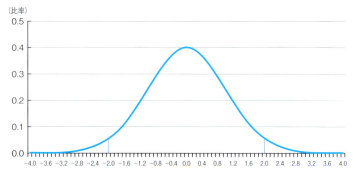

図 6-3　標準正規分布

です。

$$偏差値 = \frac{(個人の点数 - 平均点)}{標準偏差 \times 10} + 50$$

90点をとった学生のZ値は，$(90-70.6)/11.5$で，1.7となります。偏差値は，$(90-70.6)/11.5 \times 1.7 + 50$で，66.9となります。この形にすれば，調べた単位（点数，長さなど）と関係なく，分布の中でどの辺りにいるかがわかります。90点のZ値でも1.7なので，Z値が2を超えるのはかなりの高得点であることがわかります。

Z値が-1から1の間に入る比率は全サンプルの68％です。-2から2までの間だと95％です。Z値が-2から2までの間に入らないとうことはかなり稀な数字（5％未満）だということがわかります。2というのは稀なできこととそうでないことを分けるために重要だということです。

偏差値は平均を50，標準偏差を10で基準化したものですが，Z値の-2に対応するのは，偏差値30，2に対応するのは偏差値70です。t値が2以上というのは偏差値が70以上と同じ意味です。

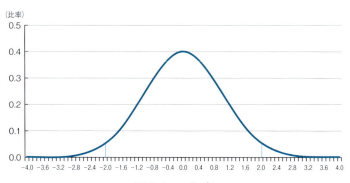

図 6-4　t 分 布

t 分布は，標準正規分布とほぼ同じ型の分布ですが，サンプル数が少ないときに使う分布です。サンプル数によって，t 分布の形は変わりますが，図はサンプル数が 100 のときの t 分布と標準正規分布を一緒に描いたものです。ほぼ重なっていることがわかります。t 分布という新たな分布があるというよりは，標準正規分布のバリエーションと考えた方がわかりやすいと思います。

6.6　p 値（p-value）と有意水準

p 値は帰無仮説が棄却されるような確率を示します。その際に比較されるのが有意水準です。有意水準とは，帰無仮説を棄却するかどうかを判定する基準のことで，10％，5％，1％が用いられます。1％の基準が最も厳しいものとなりますが，どの水準を用いるかは分析者に委ねられています。

仮に，有意水準 5％で仮説検定を行うことは，第 1 種の誤りをおかす確率が 5％であることを意味します（詳しくは次講で説明します）。このことをわかりやすくいえば，同様の仮説検定を行うとすれば 20 回に 1 回は誤った状況になる，ということを示しています。

つまり，

p 値＜有意水準：帰無仮説は棄却できる
p 値＞有意水準：帰無仮説は棄却できない

のように評価します。表 6-1 によれば，p 値 0.06％であり，1％の有意水準でみて帰無仮説は棄却できるといえます。

> **コラム　有意の意味**
>
> 有意（ゆうい）とは統計学の用語で，確率的に偶然のものではなく統計学的に意味のあるものと評価できる場合をいいます。つまり，推定された回帰係数がゼロであれば，その変数は何ら影響を与えるものではなく不要なものといえます。ですので，回帰分析では説明変数の選択が適していたのかについて判断することとなります。

6.7 上限・下限（信頼区間）

　回帰分析は，真の係数を求める作業です。しかしながら，真の係数を求めることは非常に困難であり，実際には回帰分析では真の係数の周りにある数値を推定していることになります。その場合，真の係数はどの範囲に含まれているのかについて，ありそうな範囲を「下限 95％」，「上限 95％」として表しています。このように推定値の確からしさを表すものを信頼区間といいます。この場合は，表 6-1 によれば，回帰係数は 0.787879 ですが，真の係数は 95％ の確率で 0.454578 から 1.12118 の範囲内で含まれていることを示しています。結構，大きな範囲です。信頼区間の範囲が大きくなるかは回帰係数の標準誤差に依存しており，推定が適切であれば標準誤差は小さくなり，信頼区間の範囲も小さくなります。

■ Active Learning

《重要事項のチェック》
　□決定係数　□回帰平方和　□自由度　□自由度修正済決定係数　□標準誤差　□ t 値　□有意　□標準正規分布　□ Z 値　□ p 値　□信頼区間

《調べてみよう》
　政府や日本銀行から公表されている統計データの精度がどの程度であろうか。標準誤差率などの公表数値をもとに確認してみましょう。

《Exercises》
　下表をもとに，以下の問に答えなさい。
　(1) 設備投資と実質金利の散布図を描きなさい。
　(2) 投資関数を求めなさい。
　(3) 2016 年の実質金利が 1.2％ のとき，設備投資はどうなるか。予測しなさい。

暦年	民間企業設備投資（実質）(単位:10億円)	貸出約定平均金利（%）新規／総合／国内銀行	国内企業物価指数 総平均
1994	60099.3	3.54	101.7
1995	65078.1	2.70	100.8
1996	68674.3	2.03	99.2
1997	71446.3	1.91	99.8
1998	70614.5	1.88	98.3
1999	67182.5	1.79	96.9
2000	71495.4	1.78	96.9
2001	71469.3	1.67	94.7
2002	67302.1	1.59	92.8
2003	68896.2	1.60	91.9
2004	71515.5	1.54	93.1
2005	77623.0	1.39	94.6
2006	79247.8	1.46	96.7
2007	80067.1	1.68	98.4
2008	77799.4	1.59	102.9
2009	67359.8	1.35	97.5
2010	66736.5	1.20	97.4
2011	69406.5	1.13	98.8
2012	72227.3	1.09	98.0
2013	74892.8	1.01	99.2
2014	78762.9	0.93	102.4
2015	79714.8	0.87	100.0

（注） 1. 民間企業設備投資（実質）は「2015年度国民経済計算（2011年基準・2008SNA）」より用いている。
2. 貸出約定平均金利，企業物価指数は日本銀行ウェブサイトより入手。

文献紹介

- 白砂堤津耶（2007）『例題で学ぶ 初歩からの計量経済学［第2版］』日本評論社

第7講 仮説検定

■これまでは与えられたデータ（所与のデータと呼ばれます）をもとに、いかに経済構造を表現すべきかをみてきました。しかし、そのデータの多くは全体（日本全体等）を構成する母集団から無作為にデータを抽出することで全体を表現できるとする標本調査によるものです。したがって、標本から推定された全体が必ずしも本当の全体と同等とは限らずズレが生じている可能性があります。

他方、現在の全体の状況が過去と同じとは限りません。たとえば、1990年代以降のIT（information technology）の発展・浸透により経済・社会構造は大きく変化していますし、その中で大きな経済的なショック（リーマンショック）なども生じています。このような大きな変化によって、全体の状況がそれまでとは異なっている（ズレている）可能性があります。どの程度のズレならば問題がないのかを確認していく作業が仮説検定といえます。

本講では仮説検定の考え方や方法をみていきます。

7.1 誤差をどのように捉えるのか

■ 誤差が生じる要因

誤差は実際に得られたデータ（状況）が、本当のデータからどれだけズレているかを表す量のことです。では、誤差はどのように生じるのでしょうか。一つは、標本をどのように設定するかにより生じる「統計上の誤差」があります。この点については**第2講**でもみましたが、どの程度のズレが生じているのかについては、標準誤差で表現されています。したがって、データ利用者としてはどの程度の誤差があるのかは、事前に判断がつきます。

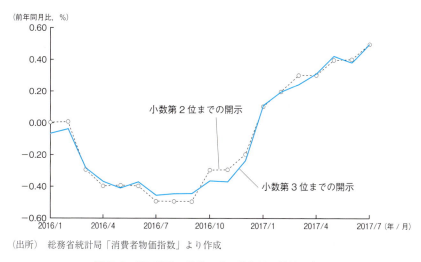

図 7-1　開示数値の桁数による前年比の数値の違い

また，データを用いる場合，どの桁数まで用いるかにより生じる誤差（**数値誤差**）もあります。たとえば，統計データの多くは小数第 2 位までの数値として開示されている場合が多いようです。しかし，消費者物価指数は金融政策の政策変数にされるなど注目度の高い統計データであることから，2015 年基準より参考値として小数第 3 位までの指数が開示されています。図 7-1 は消費者物価指数のうち「生鮮食品を除き総合」について前年同月比の動きを示したものです。ごく僅かですが，小数第 2 位と第 3 位では計算上でかい離が生じています。もちろん，これは統計の精度が悪いことを示しているのではありません。ただ，些細な違いが金融政策に注目する立場にとっては重要である場合もあります。

さらに，全体をどのように測定するかにより生じる誤差（**測定誤差**）もあります。計量経済学でいえば，どのようなモデルをもとに，どのような推定方法で表現するかにより生じるものです。この点を具体的にみていきましょう。

■ モデル等測定上の誤差について

回帰分析では誤差を誤差項 u_i として表現します。

$$Y_i = \alpha + \beta X_i + u_i \tag{7.1}$$

ただし，この誤差項には標準的な仮定が置かれています。

① 誤差項の期待値はゼロ。つまり，被説明変数は説明変数によって説明されていると仮定されています。
② 誤差項の分散は一定。計測に用いる個々のデータの組み合わせにより分散が異なっていないことを意味しています。
③ 誤差項間に系列相関はない。個々のデータの組み合わせによる誤差項は関係性がない。
④ 誤差項は正規分布にしたがっている。

しかしながら，1つの（あるいは複数でも同じですが）説明変数で被説明変数を完全に推定できるわけではありません。推定上の誤差（誤差項）が生じる要因を経済学的な観点からみてみましょう。

まず，考えられるのは被説明変数を説明すべき経済モデルは完全とは限りません。不完全なモデルであれば，用いた説明変数が適切であったとしても誤差項の仮定が満たされなくなります。あるいは，データは適切であったとしても，データが正確に作成されているのかが問題となります。実際，新たな情報が追加もしくは更新された場合には，多くのマクロデータは事後的に大きく改定されています。こうした状況から誤差項が求められる仮定が成立しなくなってきます。

他方，経済モデルが適切であったとしても，どのような関係式を想定するのか，どのようなデータを用いるのかによって誤差項に影響が及ぶと考えられます。たとえば，(7.1)式は直線的な関係を意味していますが，2次関数のような形状や指数的な関係なども考えられます。また，理論モデルの意図する変数が用いられない場合が考えられます。たとえば，消費関数に用いる所得の変数として，雇用者報酬から税等を控除した可処分所得ベースでみるべきところ，単純に賃金所得のみのデータを用いる場合，所定内労働だけのデータを用いる場合も考えられます。したがって，誤差の仮定は満たされない場合が多いのです。

7.2 仮説の検定

　現実的には，誤差を完全にはなくせません。しかし，推定により得られた結果（仮説）がどの程度の確からしさ（probability）を持っているのかを検討する必要があります。検定したい仮説を否定するような仮説のことを帰無仮説，これに対し，もともとの仮説を対立仮説といいます。帰無仮説は文字通り「無いものに帰したい」ことを仮説として立てます。

　そこで，「無いものに帰したい」（帰無）仮説ですから，この仮説では「めったに起こらない・起こる」の境界線（値）を設定して，めったに起こらない事象が生じる確率を求めて判断する方法が採られています。境界値を超えた場合には帰無仮説が誤っていると判断ができることとなります。前講で述べたように，この境界線のことを有意水準といいます。

　有意水準の設定は分析者に委ねられますが，一般的には1％，5％，10％が用いられています。1％有意水準であれば，帰無仮説が成立するような「めったに起こらないことが起こる」確率は1％であることを意味しています。したがって，有意水準1％未満の確率であれば，「帰無仮説は棄却された」と判断します。

　具体例を用いて考えてみましょう。ここでは，**第6講の表6-2**での10人の試験結果を利用して，より広い範囲（たとえば100人など）について基礎科目の平均値が75点であるかどうかを検討してみます。このことを式に表せば，

$Y_i = \beta + u_i$

となります。つまり，各学生の試験結果が75点であるとする仮説（帰無仮説）を検定することとなります。こうした場合の帰無仮説 H_0，対立仮説 H_1 は以下のように記述されることが多いです。

帰無仮説：$H_0 : \beta = 75$
対立仮説：$H_1 : \beta \neq 75$

　ただし，対立仮説は $H_{1a} : \beta > 75$ と $H_{1b} : \beta < 75$ の2つの状況が考えられ

ます。ここでの検定は 75 より大きい場合と小さい場合を同時に考えることになるので，両側検定と呼ばれています。

　もっとも，計測の対象によっては大きく（小さく）なる場合のみを検定（片側検定）することもあります。特に，計量経済学では特定の経済の理論モデルを前提として定式化がされることから，理論モデルにおいて符号条件が決まっていますので，その場合には

帰無仮説：$H_0：\beta = 75$
対立仮説：$H_1：\beta > (<) 75$

という片側検定が行われます。

　たとえば，「将来不安の増大は消費を下押す効果がない」，と否定的な形で仮説を立てます。これを回帰分析などで計測して，帰無仮説が捨てられれば，将来不安は消費に下押し効果があるという肯定的な結論が得られることになります。こうした場合，「帰無仮説は棄却された」と評価されます。具体的には，帰無仮説が正しいとして，将来不安が消費に与える影響が生じるとする確率がどの程度小さいのか計測します。計測結果により，その確率が一定の水準より下回っていれば，帰無仮説は誤りと判断され，対立仮説が確からしいと評価できることになります。この場合には片側検定だけで良いことになります。

　ただし，実際の仮説検定は容易ではありません。帰無仮説を採択するのか棄却するのかが問題となるわけですが，4 つのパターンが考えられます。

① 帰無仮説が正しいと判断され，帰無仮説が採択される場合
② 対立仮説が正しいと判断され，対立仮説が採択される場合
③ 帰無仮説が正しいにもかかわらず，対立仮説が採択される場合
④ 対立仮説が正しいにもかかわらず，帰無仮説が採択される場合

　ここでは，①と②となれば正しい判断ですが，③と④は正しい判断ではありません。統計学では③の場合を第 1 種の誤り，④の場合を第 2 種の誤りと呼びます。仮説の検定では第 1 種の誤り（帰無仮説が正しいにもかかわらず，対立仮説が採択される場合）となる確率を有意水準と呼んでいます。通常は

1%，5%，10%に有意水準を区分して，有意水準が10%の場合には「帰無仮説が正しいにもかかわらず10%の確率で対立仮説が正しいと判断される」ことを意味しています。先述の通り有意水準をどの水準に設定するかは分析者に委ねられていますが，10%の有意水準までならば①の判断が支持されるとして多くの分析で採用されています。

7.3　系列相関の問題点

　7.1節の誤差項のところでもみましたが，誤差項の間には相関がないことが前提とされています。しかし，時間的な流れのデータを用いる場合には誤差項間で相関関係を持つ場合が考えられます。たとえば，通常の経済活動においては，前期の経済活動が今期の活動へ，今期の活動が来期の活動へと影響することは多くあります。特に，月次や日次のように時間的な間隔が短いデータほど，その影響は大きくなることが想定できます。あるいは，2008年のリーマンショックのような大規模な経済ショックの場合，その影響が当該期間内で収束せずに，次期以降にも及ぶこととなります。

　この場合には，その影響が誤差に現れることとなり，誤差項間における相関関係（**系列相関**）が生じることが考えられます。そこで，推定した回帰分析において系列相関の影響があるのかを判断する統計量が**ダービン=ワトソン比**（Durbin-Watson ratio，**DW比**）です。

　観測値と推定値の差異は残差 $\hat{u}_i = Y_i - \hat{Y}_i = Y_i - (\hat{\alpha} + \hat{\beta} X_i)$ と表現できます。DW比は残差 $\hat{u}_i$ を用いて次のように定義できます。

$$\text{DW比} = \frac{\sum_{i=2}^{n}(\hat{u}_i - \hat{u}_{i-1})^2}{\sum_{i=1}^{n}\hat{u}_i^2}$$

　DW比は2前後であれば系列相関はないとされています。他方，DW比が2よりかなり小さい場合には正の系列相関，2よりかなり大きい場合には負の系列相関があることとなります。

7.4　回帰係数がゼロの検定（F 検定）

　F 検定とは，回帰分析において，選定した説明変数で被説明変数が説明できるのか，あるいは説明変数以外の要因が説明しているのかについての検定のことです。つまり，説明変数には説明力がない，回帰係数がゼロであるかの検定であるといえます。この場合，

　　帰無仮説：H_0：定数項以外のすべての回帰係数はゼロである
　　対立仮説：H_1：H_0 でない

　ここで，回帰平方和（RSS, regression sum of squares），残差平方和（SSR, sum of squared residuals）を求めます。

　回帰平方和は理論値（推定値）$\hat{Y}$ と平均値 $\bar{Y}$ との平方和のことであり，回帰によって説明できる変動を意味します。具体的には

$$\text{回帰平方和} = \sum (\hat{Y}_i - \bar{Y})^2$$

となります。また，実績値と理論値の差異である残差の 2 乗の総和を残差平方和と呼びます。具体的には

$$\text{残差平方和} = \sum [Y_i - (\alpha + \beta X_i)]^2$$

そこで，サンプル数 n，定数項を含めた説明変数の数 k の場合，F 値は

$$F = \frac{\dfrac{RSS}{k-1}}{\dfrac{SSR}{n-k}} \tag{7.2}$$

と表現できます。

　つまり，F 値は回帰係数での説明力が高いほど数値が大きくなることがわかります。F 検定は F 分布表（表 7-1）を用いて行います。

　F 分布表をみる際には（7.2）式の「k」が分子の分散の自由度，「$n-k-1$」が分母の分散の自由度となります。

表7-1　F 分 布 表

分母の分散の自由度	分子の分散の自由度									
	有意水準 5%					有意水準 1%				
	1.00	2.00	3.00	4.00	5.00	1.00	2.00	3.00	4.00	5.00
1.00	161.40	199.50	215.70	224.60	230.20	4052.00	4999.00	5403.00	5625.00	5764.00
2.00	18.51	19.00	19.16	19.25	19.30	98.50	99.00	99.17	99.25	99.30
3.00	10.13	9.55	9.28	9.12	9.01	34.12	30.82	29.46	28.71	28.24
4.00	7.71	6.94	6.59	6.39	6.26	21.20	18.00	16.69	15.98	15.52
5.00	6.61	5.79	5.41	5.19	5.05	16.26	13.27	12.06	11.39	10.97
6.00	5.99	5.14	4.76	4.53	4.39	13.75	10.92	9.78	9.15	8.75
7.00	5.59	4.74	4.35	4.12	3.97	12.25	9.55	8.45	7.85	7.46
8.00	5.32	4.46	4.07	3.84	3.69	11.26	8.65	7.59	7.01	6.63
9.00	5.12	4.26	3.86	3.63	3.48	10.56	8.02	6.99	6.42	6.06
10.00	4.96	4.10	3.71	3.48	3.33	10.04	7.56	6.55	5.99	5.64
11.00	4.84	3.98	3.59	3.36	3.20	9.65	7.21	6.22	5.67	5.32
12.00	4.75	3.89	3.49	3.26	3.11	9.33	6.93	5.95	5.41	5.06
13.00	4.67	3.81	3.41	3.18	3.03	9.07	6.70	5.74	5.21	4.86
14.00	4.60	3.74	3.34	3.11	2.96	8.86	6.51	5.56	5.04	4.69
15.00	4.54	3.68	3.29	3.06	2.90	8.68	6.36	5.42	4.89	4.56
16.00	4.49	3.63	3.24	3.01	2.85	8.53	6.23	5.29	4.77	4.44
17.00	4.45	3.59	3.20	2.96	2.81	8.40	6.11	5.18	4.67	4.34
18.00	4.41	3.55	3.16	2.93	2.77	8.29	6.01	5.09	4.58	425
19.00	4.38	3.52	3.13	2.90	2.74	8.18	5.93	5.01	4.50	4.17
20.00	4.35	3.49	3.10	2.87	2.71	8.10	5.85	4.94	4.43	4.10
21.00	4.32	3.47	3.07	2.84	2.68	8.02	5.78	4.87	4.37	4.04
22.00	4.30	3.44	3.05	2.82	2.66	7.95	5.72	4.82	4.31	3.99
23.00	4.28	3.42	3.03	2.80	2.64	7.88	5.66	4.76	4.26	3.94
24.00	4.26	3.40	3.01	2.78	2.62	7.82	5.61	4.72	4.22	3.90
25.00	4.24	3.39	2.99	2.76	2.60	7.77	5.57	4.68	4.18	3.85
30.00	4.17	3.32	2.92	2.69	2.53	7.56	5.39	4.51	4.02	3.70
40.00	4.08	3.23	2.84	2.61	2.45	7.31	5.18	4.31	3.83	3.51
50.00	4.03	3.18	2.79	2.56	2.40	7.17	5.06	4.20	3.72	3.41
60.00	4.00	3.15	2.76	2.53	2.37	7.08	4.98	4.13	3.65	3.34
150.00	3.90	3.06	2.66	2.43	2.27	6.81	4.75	3.91	3.45	3.14
∞	3.84	3.00	2.60	2.37	2.21	6.63	4.61	3.78	3.32	3.02

> **コラム　F 検定と F 分布**
>
> 　F 検定は2つのデータ群のばらつきが等しいかを検定するものです。したがって，**7.4 節**のように複数の回帰係数がゼロと意味のないものとなっているのか，**7.5 節**のように，期間により異なるデータ群となっているのか（構造変化）を検定する際等に用いられています。F 分布は**第2講**の**図 2-1** のヒストグラムでいえば，**(A)** のような形状となっています。

7.5　構造変化テスト（F 検定の利用）

　計量経済学の対象である現実の経済は，新規の技術開発やさまざまな経済ショックなどにより構造変化を遂げています。推定を行う期間に構造変化が含まれている場合には，適切な回帰係数は推定できません。そこで，構造変化が生じていたのかについて，検定を行う必要があります。

　構造変化があるかどうかをみるために，**7.4 節**の F 検定を応用し，2 つの推定期間の残差平方和を比較して検定します。回帰分析で求めた回帰係数が十分に説明しているかをみるわけです。**6.1 節**でみたように，回帰分析による回帰平方和と残差平方和は

> 全変動（実績値と実績値の平均値との差）＝回帰平方和＋残差平方和

という関係にあります。**7.4 節**の F 検定では回帰係数と誤差項の分散の比から残差平方和より回帰平方和が十分大きいものであるかを確認することにより，回帰係数の有意性を検討しました。構造変化テストでは構造変化があったとされる前後の期間における回帰係数が互いにすべて等しいかを確認するため残差平方和を用います。

　まず，推定期間内で構造変化が生じたと考えられる時点を特定して，それより前の期間と後の期間の 2 期間に区分します。そこで，前期，後期及び全期間について回帰分析を行い，それぞれ残差平方和 SSR_1，SSR_2，SSR を求めて，F 検定でそれぞれの期間の残差平方和が同等のものであるかを検討します。ここで，(7.2) 式より構造変化をチェックする F 値は次式のように計算されます。

$$
\begin{aligned}
F &= \frac{SSR-(SSR_1+SSR_2)/k}{(SSR_1+SSR_2)/(n-2k)} \\
  &= \frac{SSR-(SSR_1+SSR_2)}{SSR_1+SSR_2} \times \frac{n-2k}{k}
\end{aligned}
\tag{7.3}
$$

　ここでの結果を F 分表で確認します。F 値が F 分布表の数値より大きけ

れば,「前期と後期の回帰係数はすべて等しい」という仮説は棄却され,構造変化が起こったことを意味します。したがって,構造変化が生じた場合には,推定期間を区分するなど推定における工夫が必要となります。

> **コラム 自由度**
>
> 　自由度は理解するのが難しい言葉の一つかもしれません。統計学や計量経済学では,対象となる全ての変数個からその統計量(平均や分散あるいはF値等)を求める場合に自由に用いることができる数のことを自由度と呼びます。これでも何のことか理解しづらい場合は連立方程式を思い出してください。3つの変数を持つ方程式を解く場合,2つの変数の答えが定まれば,残り1つの変数の答えは決まってしまいます。つまり,3つ目の変数は他の2つの変数の答えが決まれば自由な数値をとることができません。
>
> 　本書で解説している統計量をもとに考えてみましょう。単純平均を求める場合は,データが全部でn個であればこれらを合計してnで割って求めます。この場合,自由度はnとなります。また,分散を求める場合には,実績値から平均値を引いて偏差を求めます。しかし,平均値は全体の中で既に求められているので自由に数値を変えることができません。そこで,分散を計算する場合は$n-1$で割ることになり,自由度は$n-1$となります。
>
> 　(7.2) 式と (7.3) 式の分子の自由度をみると,それぞれ$k-1$, kと異なっています。これは,7.4節でF値を求める上での帰無仮説が「定数項以外のすべての回帰係数はゼロである」とされているのに対し,7.5節の構造変化テストでは「定数項も含めたすべての回帰係数はゼロである」というのが帰無仮説とされているためです。

■ Active Learning

《重要事項のチェック》・・
　□統計上の誤差　□数値誤差　□測定誤差　□推定上の誤差　□帰無仮説　□対立仮説　□系列相関　□ダービン=ワトソン比　□F検定　□F分布　□構造変化

《調べてみよう》・・・
　2008年にリーマンショックのような大きな経済ショックが生じました。その期

間を含む経済変動を回帰分析する場合，経済ショックによる構造変化の影響を避けるためにはどのようにすれば良いか，考えてみましょう．

《Exercises》

フィリップス曲線（**第 10 講**参照）では縦軸にインフレ率（物価上昇率），横軸に失業率をとると，両者の関係は右下がりの曲線になると指摘されています．インフレ率と失業率との関係式を推定し，その結果が次の表のうちどの国において説明力が高いのか，また構造変化は生じているのかについて確認しなさい．

年／期	消費者物価指数				失業率			
	アメリカ	ユーロ	イギリス	スウェーデン	アメリカ	ユーロ	イギリス	スウェーデン
2000/1	2.20	0.96	0.00	1.18	4.03	8.75	5.83	7.42
2000/2	2.42	0.94	0.07	0.97	3.93	8.53	5.60	7.07
2000/3	2.56	0.97	0.30	0.90	4.00	8.36	5.30	6.74
2000/4	2.56	1.23	0.60	1.11	3.90	8.15	5.30	6.23
2001/1	2.67	1.31	0.87	1.57	4.23	8.00	5.17	6.07
2001/2	2.62	1.99	1.63	2.81	4.40	7.98	4.97	5.79
2001/3	2.68	2.01	1.67	2.79	4.83	8.00	5.07	5.78
2001/4	2.72	2.39	1.43	2.65	5.50	8.11	5.13	6.03
2002/1	2.53	2.61	1.73	2.87	5.70	8.19	5.17	6.04
2002/2	2.44	2.56	1.07	1.97	5.83	8.34	5.20	5.96
2002/3	2.27	2.47	1.17	1.89	5.73	8.49	5.23	6.14
2002/4	2.04	2.31	1.40	2.10	5.87	8.61	5.17	6.28
2003/1	1.78	2.02	1.20	3.12	5.87	8.79	5.10	6.46
2003/2	1.52	2.04	1.17	2.36	6.13	8.79	5.03	6.55
2003/3	1.35	1.88	1.27	2.42	6.13	8.82	5.10	6.73
2003/4	1.18	1.96	1.20	2.04	5.83	8.87	4.98	7.42
2004/1	1.33	2.02	1.17	0.74	5.70	8.92	4.80	7.64
2004/2	1.78	2.13	1.07	1.29	5.60	8.96	4.80	7.72
2004/3	1.81	2.11	0.87	1.20	5.43	9.00	4.73	7.80
2004/4	2.11	1.99	0.93	1.17	5.43	9.03	4.70	7.68
2005/1	2.32	1.65	1.23	0.98	5.30	9.06	4.73	7.62
2005/2	2.15	1.46	1.40	0.74	5.10	9.03	4.77	7.87
2005/3	2.08	1.36	1.70	1.25	4.97	8.93	4.73	7.68
2005/4	2.12	1.48	1.43	1.46	4.97	8.84	5.10	7.66
2006/1	2.09	1.36	1.20	1.26	4.73	8.73	5.17	7.46
2006/2	2.46	1.54	1.13	1.82	4.63	8.47	5.40	7.30
2006/3	2.82	1.53	1.37	1.41	4.63	8.19	5.50	6.84
2006/4	2.64	1.62	1.87	1.14	4.43	7.99	5.47	6.57
2007/1	2.61	1.85	2.03	1.41	4.50	7.71	5.53	6.45
2007/2	2.27	1.92	2.17	1.18	4.50	7.51	5.43	6.21
2007/3	2.16	1.98	1.77	1.17	4.63	7.44	5.30	6.04
2007/4	2.31	2.26	1.77	2.19	4.80	7.33	5.27	5.97
2008/1	2.36	2.48	1.70	2.41	4.97	7.23	5.20	5.85
2008/2	2.33	2.46	2.20	2.96	5.30	7.37	5.27	5.89
2008/3	2.51	2.52	3.03	3.34	6.03	7.58	5.70	6.13
2008/4	1.99	2.24	2.63	2.09	6.97	8.03	6.20	6.74
2009/1	1.74	1.65	2.60	2.14	8.17	8.80	6.83	7.52
2009/2	1.82	1.50	2.20	1.68	9.27	9.31	7.57	8.37
2009/3	1.49	1.18	1.83	1.67	9.63	9.65	7.87	8.88
2009/4	1.74	1.02	2.03	2.29	10.03	9.94	7.83	9.09

第8講 消費関数の推定と予測

■第1講においてケインズ型消費関数を紹介しましたが，本講ではこれまで学んだ知識を活かして，実際の数値を用いて，この消費関数を推定していきましょう。

8.1 消費関数の推定と評価

表8-1は，国民経済計算の中から家計最終消費支出，可処分所得を抜粋したものです。このデータを使って，以下の**設問**の①から④について確認してください。ただし，可処分所得は名目値しか公表されていませんので，**表8-1**のように家計最終消費支出デフレーターを用いて実質化したデータを用います。デフレーターとは，**第3講3.3節**で説明したような物価の変動の影響を取り除くための数値（指数）です。実質値は，名目値をデフレーターで除すれば求められます。

> **設問　消費関数の推定について**
> ① 1980年から1994年までのデータを用いて，ケインズ型消費関数を推定しなさい。
> ② 推定された消費関数がデータと一致しているか（これを**適合度**といいます）を可処分所得のt値と決定係数から評価しなさい。
> ③ 推定された消費関数を用いて，所得が変動した場合の消費金額の将来予測をしなさい。また，予測の精度についても確認しなさい。
> ④ 推定された消費関数に構造変化が生じているのか，確認しなさい。

表 8-1　家計最終消費支出，可処分所得

(デフレーター以外，単位：兆円)

年度	可処分所得		家計最終消費支出	
	名目	実質	実質	デフレーター
1980	159	212	176	75.2
1981	171	219	180	78.3
1982	180	223	188	80.5
1983	188	228	192	82.5
1984	198	234	197	84.6
1985	207	241	205	86.0
1986	212	245	211	86.6
1987	220	251	220	87.5
1988	233	264	231	88.3
1989	249	273	239	91.0
1990	265	283	251	93.7
1991	286	296	255	96.3
1992	293	300	258	97.9
1993	295	298	261	99.1
1994	304	305	266	99.6
1995	301	303	271	99.4
1996	306	306	277	99.9
1997	310	306	274	101.5
1998	308	303	274	101.4
1999	307	304	276	100.9
2000	299	300	278	99.8
2001	291	295	282	98.5
2002	290	298	285	97.2
2003	287	299	288	96.1
2004	288	303	292	95.1
2005	292	311	299	93.8
2006	295	318	305	93.0
2007	294	322	315	91.1
2008	292	327	315	89.2
2009	292	352	330	83.0

(注)　1. 数値は 2000 年基準，93SNA。
　　　2. 可処分所得は家計最終消費デフレーターで実質化している。
　　　3. 消費は実質家計最終消費支出。
(出所)　内閣府「2009 年度国民経済計算」

> **コラム　有用だけど使いづらい国民経済計算のデータ**
>
> 経済分析を行う際に，最も利用されるデータが「国民経済計算」です。しかし，たとえば 1970 年から最近時点（2016 年）までの長期時系列データは利用できません。国民経済計算は統計の作成基準の変更などから，長期の時系列データがぶつ切りで公表されているからです。
>
> 現在の作成基準（2011 年基準，2008SNA）では 1994 年からしか利用できません。2000 年基準，1993SNA のデータであれば 1980 年から 2009 年まで利用できます（表 8-1 がそうです）。ただし，2009 年までですので，それ以後だと基準の異なるデータを利用者がつなぐしかありません。
>
> 接続するには 2 つの異なるデータの変化率を計算し，重なる時期の変化率で調整してつなぐ方法が一般的です。

■ 消費関数の推定

表 8-1 の数値をもとに，ケインズ型消費関数を推定します。第 1 講 1.2 節のコラムで述べたようにケインズ型消費関数とは，$C = cY_d + Z$（C：最終消費支出，c：限界消費性向，Y_d：可処分所得，Z：必需的消費）でした。ここでは本式を第 5 講で説明した単回帰モデルとして考え，作業をすすめます。すなわち，上式を $Y_i = \alpha + \beta X_i + u_i$ に当てはめ，C を Y，α を Z，β を c，Y_d を X と考えます。まず，第 5 講の表 5-1 と同様の表を作成してください（表 8-2）。

次に，表 8-2 の X_i, Y_i の数値をもとに，(8.1) 式及び (8.2) 式に数値を当てはめて，回帰係数 α と β を算出してください。

$$\beta = \frac{n\sum X_i Y_i - \sum X_i \sum Y_i}{n \sum X_i^2 - (\sum X_i)^2} \tag{8.1}$$

$$\alpha = \frac{\sum Y_i - \beta \sum X_i}{n} \tag{8.2}$$

この結果，消費関数は

$$Y_i = 0.96991 X_i - 28.5115$$

となります。

ここでの回帰係数 β は限界消費性向で，所得が 1 単位増加した場合の消

表 8-2　消費関数の推定

年度	実績値 X_i 可処分所得	実績値 Y_i 家計最終消費支出	$X_i Y_i$	X_i^2	Y_i^2	X の偏差二乗	推定値	残差の平方和	偏差の平方和
1980	212	176							
1981	219	180							
1982	223	188							
1983	228	192							
1984	234	197							
1985	241	205							
1986	245	211							
1987	251	220							
1988	264	231							
1989	273	239							
1990	283	251							
1991	296	255							
1992	300	258							
1993	298	261							
1994	305	266							
合計									
平均									

① 残差の二乗を標本数で割る
② 残差の標準誤差
③ 所得の標準偏差（偏差の二乗の平均）
④ 標本数の平方根
⑤ 傾きの標準誤差
⑥ t 値

費の増分を示しています。限界消費性向は所得の制約を考慮すれば，一般的にゼロから 1 の間にあり，今回の推定でも 0.97 程度と 1 を下回っています。仮に，実質可処分所得が 1 兆円増加すれば，実質家計消費支出は 0.96991 兆円増加することを意味しています。実質可処分所得の範囲内で消費が行われることになります。

■ 消費関数の適合度の確認

　消費関数の適合度について，決定係数（**第 6 講**の (6.5) 式参照）を求めて確認してみましょう。このためには，実績値と推定値の差異である残差，実績値と実績値の平均との差異である偏差を求める必要があります。残差の平方和（116）と偏差の平方和（13999）から，決定係数は 0.99168 となり，推定した消費関数によって 99.17％ が説明できる状況にあることがわかります。

$$R^2 = \frac{\sum(\hat{Y}_i - \bar{Y})^2}{\sum(Y_i - \bar{Y})^2} = 1 - \frac{\sum \hat{u}_i^2}{\sum(Y_i - \bar{Y})^2} = 1 - \frac{116}{13999} = 0.99168$$

また,所得の変数が消費の変動の説明変数として有意であるかについて,t 値を計算してみましょう。

$$t \text{ 値} = \frac{\text{回帰係数の推定値}}{\text{回帰係数の標準誤差}} = \frac{0.969991}{0.0246298} = 39.383$$

t 値は 39.383 と所得変数が消費の変動を説明する変数として適切であることを示しています。このように,これまで推定した消費関数は適切なものといえます。

〈計算結果〉

表 8-3　消費関数の推定

年度	X_i 可処分所得	Y_i 家計最終消費支出	$X_i Y_i$	X_i^2	Y_i^2	X_i の偏差二乗	推定値	残差の平方和	偏差の平方和
1980	212	176	37377	44944	31083	2132	177	1	2080
1981	219	180	39317	47765	32364	1570	183	13	1765
1982	223	188	41938	49912	35238	1208	188	0	1169
1983	228	192	43840	52057	36919	901	193	0	886
1984	234	197	46127	54808	38821	579	199	2	619
1985	241	205	49400	58155	41964	290	205	0	291
1986	245	211	51580	59895	44420	181	209	4	124
1987	251	220	55218	63098	48322	49	215	22	4
1988	264	231	60914	69731	53212	35	228	9	77
1989	273	239	65206	74620	56980	225	236	5	282
1990	283	251	70891	79957	62854	605	246	24	829
1991	296	255	75648	87909	65097	1469	259	16	1104
1992	300	258	77313	89772	66584	1718	262	17	1305
1993	298	261	77613	88591	67995	1558	260	0	1509
1994	305	266	81291	93316	70815	2238	268	3	1954
合計	3873	3329	873674	1014531	752667	14755984		116	13999
平均	258	222							

① 残差の二乗を標本数で割る　　　7.757
② 残差の標準誤差　　　　　　　　2.785
③ 所得の標準偏差(偏差の二乗の平均)　31.364
④ 標本数の平方根　　　　　　　　3.873
⑤ 傾きの標準誤差　　　　　　　　0.025
⑥ t 値　　　　　　　　　　　　39.383

$$\beta = \frac{n\sum X_i Y_i - \sum X_i \sum Y_i}{n \sum X_i^2 - (\sum X_i)^2}$$

$$= \frac{15 \times 873674 - 3873 \times 3329}{15 \times 1014531 - 1014531 \times 1014531} = 0.969991$$

$$\alpha = \frac{\sum Y_i - \beta \sum X_i}{n} = \frac{3329 - 0.96991 \times 3873}{15} = -28.5115$$

8.2 消費関数を用いた予測

■ 内挿予測と外挿予測

前節で推定した消費関数をもとに，実質可処分所得が 250 兆円の場合及び 350 兆円の場合，家計最終消費はそれぞれいくらになるかを考えてみましょう。求め方は簡単で，推定した消費関数の X_i は実質可処分所得を意味するので，ここに 250 兆円，350 兆円をそれぞれ代入すれば実質家計最終消費支出を求めることができます。

> 実質可処分所得が 250 兆円の場合には
>
> $Y_i = 0.96991 X_i - 28.5115$ の X_i に 250 を代入すると，
>
> $Y_i = 213$
>
> 実質可処分所得が 350 兆円の場合には
>
> $Y_i = 311$

となります。

このように，ある実質可処分所得のときの実質家計最終消費支出金額を求めることは予測となります。今回の消費関数の推定では，実質可処分所得は 212 兆円から 305 兆円の範囲にあります。実質可処分所得が 250 兆円の場合はその範囲内にあるので，内挿予測と呼びます。他方，実質可処分所得が 350 兆円の場合には範囲外にあるので，外挿予測といいます。

■ 予測における予測区間と信頼区間

ここでは消費関数の推定結果から，今後の消費支出の予測値にどの程度の信頼性があるのかについて予測区間を用いて考えてみます。

ただ，予測区間と信頼区間は混同されやすいため，違いから確認していきましょう。

もともと，今回の国民経済計算での家計最終消費支出の数値は推定値であり，必ずしも完全に全体の消費金額（母集団の消費金額）と一致しているわけではありません。家計調査のような標本調査の数値であれば直感的にも理

解できるでしょう。

そこで，平均値の確からしさを示す方法として，「平均値の範囲が95%の確率で確かである」との見方，つまり平均値について確率を用いて範囲で示す方法を「信頼区間」といいます。つまり，信頼区間とは母集団の平均がある確率でその区間に入っているかを確認するものです。

他方，予測区間は，推定した消費関数（母集団の消費構造を表現したもの）を用いて，将来に観測される標本（推定値）がある確率に入る区間を意味します。ですので，一見似ているように感じますが，概念としては異なったものです。

$$予測区間：\hat{Y}_i \pm t 値 \times 標準誤差 = \hat{Y}_i \pm t 値 \times \sqrt{\left(1 + \frac{1}{n} + \frac{(X_0 - \bar{X})^2}{\sum (X_i - \bar{X})^2}\right) V_e}$$

$$= \hat{Y}_i \pm t 値 \times s_e \times \sqrt{1 + \frac{1}{n} + \frac{(X_0 - \bar{X})^2}{\sum (X_i - \bar{X})^2}}$$

ただし，t 値は予測の信頼度（確率）としてどの水準を求めるかを決めてから，t 分布表（表6-4, p.74）からその数値を求める必要があります。また，$\hat{Y}_i$ はある所得変数 X_i のときの推定値，標準誤差は推定した消費関数の標準誤差，V_e は残差の分散，s_e は残差の標準誤差及び，n はサンプル数です。

これを適当な予測値で作成したものが，表8-4, 図8-1 です。

コラム　6.55E−15の意味

ごく小さな数値の場合に，このような表記が用いられます。E は Exponent, 累乗の指数で 10 を n 乗倍することを意味しています。具体的には，

　1.0E＋1 とは「1.0×10 の 1 乗」で 10 倍

　1.0E＋2 とは「1.0×10 の 2 乗」で 100 倍

を示しています。他方，

　1.0E−1 とは「1.0×1/10 の 1 乗」で 1/10 倍

　1.0E−2 とは「1.0×1/10 の 2 乗」で 1/100 倍

となります。

　ですので，6.55E−15 とは，

　6.55×1/（10 の 15 乗）＝ 6.55×1/1000000000000000

　　　　　　　　　　　　＝ 6.55×0.000000000000001

　　　　　　　　　　　　＝ 0.00000000000000655

のこととなります。

表 8-4 予測の上限と下限の計算結果

概要

回帰統計	
重相関 R	0.995835
重決定 R2	0.991688
補正 R2	0.991049
標準誤差	2.991799
観測数	15

分散分析表

	自由度	変動	分散	観測された分散	有意 F
回帰	1	13882.86	13882.86	1551.008	6.55E−15
残差	13	116.3612	8.950863		
合計	14	13999.22			

	係数	標準誤差	t	P-値	下限95%	上限95%	下限95.0%	上限95.0%
切片	−28.5115	6.405422	−4.45116	0.000653	−42.3496	−14.6735	−42.3496	−14.6735
X 値1	0.969991	0.02463	39.38284	6.55E−15	0.916782	1.023201	0.916782	1.023201

	予測値	標準誤差	下限95%	上限95%
270	233.3861	3.320571	226.2125	240.5598
275	238.2361	3.368924	230.958	245.5142
280	243.086	3.421268	235.6948	250.4772
285	247.936	3.477423	240.4235	255.4485
290	252.786	3.537207	245.1443	260.4276
295	257.6359	3.60044	249.8576	265.4142
300	262.4859	3.666943	254.5639	270.4078
305	267.3358	3.736541	259.2635	275.4081
310	272.1858	3.809066	263.9568	280.4148
315	277.0357	3.884352	268.6441	285.4274
320	281.8857	3.962243	273.3258	290.4456
325	286.7357	4.042588	278.0022	295.4691
330	291.5856	4.125244	282.6736	300.4977
335	296.4356	4.210074	287.3403	305.5309
340	301.2855	4.29695	292.0025	310.5685
345	306.1355	4.385751	296.6606	315.6103
350	310.9854	4.47636	301.3148	320.656

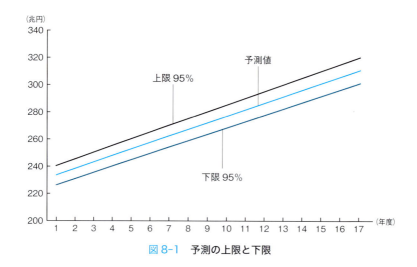

図 8-1 予測の上限と下限

8.3 構造変化のテスト

8.1 節では 1980 年から 94 年まで，表 8-1 の前半の 15 年間について消費関数を推定しました。今度は後半の 15 年（1995 年から 2009 年）のデータを用いて消費関数を推定してみます。Excel による推定結果は表 8-5 の通りです。

推定結果をみると，自由度修正済決定係数（「補正 R2」）が 0.75 と前の 15 年の 0.99 からみて大きく悪化している様子が伺えます。また，実質可処分所得の回帰係数（限界消費性向と意味づけされます）が 1.078 と 1 を上回り，定数項の回帰係数が有意でなくなるなど，消費の構造が大きく変化した可能性が伺えます。

そこで，1980 年度から 2009 年度までの 30 年間の実質家計最終消費支出と実質可処分所得の関係について，散布図をもとに確認してみましょう（図 8-2）。散布図からは，1980 年度から 90 年度まで，91 年度から 99 年度まで，また 2000 年度以降と，所得の消費の関係のシフトがみられます。1990 年以降，バブル崩壊，97 年度，2014 年度は消費税率の引上げが実施され，消費構造に大きな変化があった可能性が伺えます。

そこで，7.5 節でみた構造変化テストを行ってみましょう。ここでは，(7.3) 式の n は 15，定数項を含めた係数の数 k は 2 です。あとテストに必要なのは，前期，後期，通期の残差平方和です。

前期残差平方和：116.3612
後期残差平方和：1092.424
通期残差平方和：2377.83

$$F = \frac{2377.83 - (116.3612 + 1092.424)}{116.3612 + 1092.424} \times \frac{15 - 4}{2} = 5.31918$$

となります。

F 分布表の分子の分散の自由度 2，分母の分散の自由度 26 で 5% 有意水準では 3.37，1% 有意水準では 5.57 となります。今回の構造変化テストでは F 値は 5.31918 と F 分布表の 5% 有意水準の数値を大きく上回るため，「前期

表 8-5　消費関数の推定（推定期間：1995 年度〜 2009 年度）

回帰統計	
重相関 R	0.874584
重決定 R2	0.764897
補正 R2	0.746813
標準誤差	9.16693
観測数	15

分散分析表

	自由度	変動	分散	観測された分散	有意 F
回帰	1	3554.16	3554.16	42.29501	1.99E−05
残差	13	1092.424	84.0326		
合計	14	4646.584			

	係数	標準誤差	t	P-値	下限95%	上限95%	下限95.0%	上限95.0%
切片	−43.1002	51.4109	−0.83835	0.416984	−154.167	67.96634	−154.167	67.96634
X 値 1	1.078134	0.165778	6.503462	1.99E−05	0.719991	1.436277	0.719991	1.436277

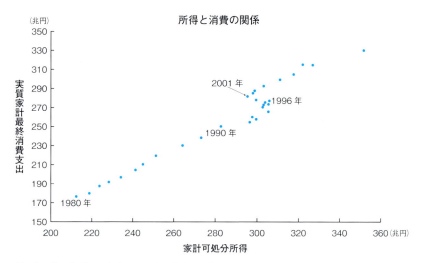

（出所）　内閣府「2009 年度国民経済計算」より作成

図 8-2　所得と消費の散布図

と後期の回帰係数はすべて等しい」という仮説は棄却され，構造変化が起こったと考えてよいといえます。

　このように，経済構造が変化をしていますので，モデル構造だけでなく，

推定期間が異なると違った計測結果が得られることとなります。こうした違いがどうして生じるのかを考察することも計量経済学で重要な課題といえます。

特に，後期の 1995 年度～ 2009 年度には，消費税率の引上げ（1997 年 4 月），リーマンショック（2008 年 9 月）が生じたため，この効果を 1 つの変数（可処分所得のみ）で表現することは困難です。次講以降の多変量での回帰分析やほかの分析方法を試行する必要があるでしょう。

■ Active Learning

《重要事項のチェック》
□予測　□内挿予測　□外挿予測　□予測区間　□信頼区間　□散布図

《調べてみよう》

日本とアメリカについて，消費関数を推定してみましょう。その上で，両国における消費行動にどのような違いがあるのかを確認してください。なお，ファクトファインディング（実情調査）が統計学的に有意であるかについても確認してください。

《Exercises》

次頁の表はアメリカの消費と所得に関するデータである。これをもとに，以下の問に答えなさい。

(1) アメリカの消費関数を推定しなさい。
(2) (1)で求めたアメリカの消費関数は日本の消費関数と何が異なるか考察しなさい。

	消費支出 (10億ドル)	個人所得 (10億ドル)	個人消費 デフレーター
1980	3991.5	2317.5	43.959
1981	4050.8	2596.5	47.831
1982	4108.4	2779.5	50.48
1983	4342.6	2970.3	52.653
1984	4571.6	3281.8	54.645
1985	4811.9	3516.3	56.582
1986	5014	3725.7	57.806
1987	5183.6	3955.9	59.65
1988	5400.5	4276.3	61.974
1989	5558.1	4619.9	64.641
1990	5672.6	4906.4	67.44
1991	5685.6	5073.4	69.652
1992	5896.5	5413	71.494
1993	6101.4	5649	73.279
1994	6338	5937.3	74.803
1995	6527.6	6281	76.356
1996	6755.6	6667	77.981
1997	7009.9	7080.7	79.327
1998	7384.7	7593.7	79.936
1999	7775.9	7988.4	81.11
2000	8170.7	8637.1	83.131
2001	8382.6	8991.6	84.736
2002	8598.8	9153.9	85.873
2003	8867.6	9491.1	87.572
2004	9208.2	10052.9	89.703
2005	9531.8	10614	92.261
2006	9821.7	11393.9	94.729
2007	10041.6	12000.2	97.102
2008	10007.2	12502.2	100.065
2009	9847	12094.8	100

(注) 消費支出は実質，個人所得は名目である。
(出所) アメリカ BEA "U.S. Economic Accounts" より作成

第Ⅱ部
実践的に世の中を分析してみる

第 9 講
重回帰分析

■この講では，変数が 2 つ以上ある回帰式について解説します。説明変数が複数ある場合の推定法です。1 つの変数の場合と同様，最小二乗法で係数を求めることができます。決定係数には，説明変数の数が多くなるほど決定係数が高くなるという傾向があるため，当てはまりの程度には自由度修正済決定係数を使います。説明変数それぞれに，係数が推定されますが，その係数が表す意味は，「ほかの変数を一定としたときの，その変数が与える影響の大きさ」を表しています。

9.1 説明変数が複数ある場合の回帰分析

■ 重回帰分析とは

単回帰分析は，説明変数が 1 つだけでしたが，説明変数が 2 つ以上ある回帰分析を**重回帰分析**と呼びます。単回帰分析は，X という変数 1 つが Y に影響を与えることを前提にしていますが，重回帰分析は X_1 と X_2 など 2 つ以上の変数が Y に影響を与えることを前提にしています（図 9-1）。

式で表すと，説明変数が 1 つの単回帰分析は（9.1）式です。被説明変数が Y_i，説明変数が X_i でそれぞれ 1 つずつです。説明変数が 3 つの場合の重回帰分析の場合は（9.2）式となります。被説明変数が Y_i，説明変数が X_{1i}，X_{2i}，X_{3i} の 3 つです。

$$\text{単回帰分析}：Y_i = \alpha + \beta X_i + u_i \quad (i = 1, 2 \cdots, n) \quad (9.1)$$
$$\text{重回帰分析}：Y_i = \alpha + \beta_1 X_{1i} + \beta_2 X_{2i} + \beta_3 X_{3i} + u_i \quad (i = 1, 2 \cdots, n) \quad (9.2)$$

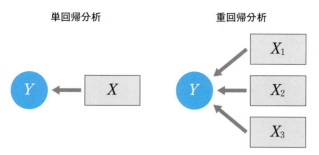

図9-1　単回帰分析と重回帰分析

単回帰分析同様，定数項 α，説明変数の係数は β_1，β_2，β_3 を最小二乗法で求めることができます。Y_i と推定値（$\alpha + \beta_1 X_{1i} + \beta_2 X_{2i} + \beta_3 X_{3i}$）の誤差が u_i で，誤差の二乗が最小になるという条件を使って，α，β_1，β_2，β_3 を1つに決めることができます。

■ 図で表すと

回帰分析の考え方を理解するため，図を用いて説明します。

単回帰分析の場合は横軸に X，縦軸は Y と考えて直線を引くと考えることができます。観測されたデータを丸い点で示しています。データは必ずしもきれいに直線上に並んでいるわけではありません。それぞれの点の近くを通る直線は何本も引けます。直線が引けるということはそれに対応して a や b が決まるということです。さまざまな基準で直線を引くことができますが，**第5講**で述べたように，誤差の二乗の和が最も小さくなるような直線を描くのが最小二乗法です。たとえば，X_2 に関して観測されたデータが Y_2 であり，推定された直線上の Y の大きさ $\hat{Y}_2$ は $a + bX_2$ で表せます（図9-2）。その差が u_2 となります。X_i ごとの u_i を二乗して合計し，それを最小にするような a と b を求めるのが最小二乗法です。最小二乗法による推定結果は，いくつかの仮定を満たせば，統計的に望ましいことがわかっています。

重回帰分析の場合は，x 軸，y 軸を説明変数，z 軸を被説明変数とした3次元に描く平面として表すことができます（図9-3）。

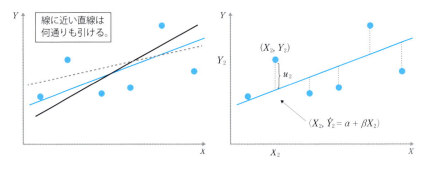

図 9-2　最小二乗法の考え方

　高校の数学で学習する平面の式は，$z = a + bx + cy$ という形です。z を x と y で表現しています。これと同様な考え方を最小二乗法を適用し，z を Y，x を X_1，y を X_2 と置き換えます。そうすると以下の式になります。α，β_1，β_2 の値が決まると，1つの平面を表すことになります。

$$Y = \alpha + \beta_1 X_1 + \beta_2 X_2 + u$$

　観測されたサンプルは必ずしもこの平面上にはないですが，この平面との差（u）の二乗を最小にするような係数 α，β_1，β_2 を決めるのが最小二乗法です。3次元上に描いたサンプルの点に最も近いように平面を描いたのが最小二乗法による平面となります。サンプルの点と平面による考え方は，**第10講**で述べる多重共線性を理解するのにも役立ちます。

　説明変数が1つのときは直線で，2つのときは平面で説明できますが，変数がもう一つ増えて3つになった場合は図で説明することができません。人間は3次元までの世界しか理解できないためです。しかし，説明変数が増えたとしても考え方は同じで，観測された説明変数を使って，推定した値と被説明変数との誤差の二乗が最小になるように係数を決めるという方法で，係数が決定できます。

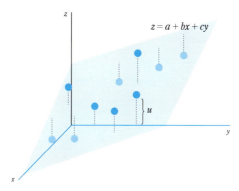

図 9-3　重回帰分析における最小二乗法の考え方

9.2　家賃の推定に応用してみよう

■ ヘドニックアプローチ

　重回帰分析の応用として，「ヘドニックアプローチ」があります。ヘドニックアプローチとは，商品の価格をさまざまな性能や機能の価値を表したものと考え，商品価格を推定するものです。ヘドニック（hedonic）とは，快楽という意味ですが，自動車の特性を分析するときに「快適さ」を重要な要素として用いたことから始まっています。

　パソコンは，昔に比べれば高機能になっているのに，値段があまり変わらないと感じたことはないでしょうか。実は，昔のパソコンと今のパソコンが同じ 10 万だとしても，「パソコンの価格は変わらない」と考えてはいけないのです。値段を比べるなら同じ性能のものを比べなければなりません。つまり，CPU の速さ，メモリの容量，ストレージの容量などが同じものの値段を比べる必要があります。昔であれば最高スペックだったパソコンが最近では安く手に入るようになっているとしたら，「パソコンの値段は急激に下がった」と考えるべきです。昔と今を比べる場合には，できるだけ同じ品質のもので比べないと意味がないのです。

パソコンの価格の分析では，パソコンの値段を被説明変数，パソコンの特性を説明変数として分析することができます．

■ 家賃の推定

ヘドニックアプローチの例として，東京の賃貸マンションの家賃の分析をしてみましょう．家賃は，さまざまな要因で決まります．基本的には広ければ広いほど家賃は高いでしょう．また，物件が古くなれば家賃は下がり，駅からの距離が近ければ家賃は上がると考えられます．さらに物件の最寄り駅がJRなのか私鉄なのか，都心からどのくらい離れているかなども重要です．

ここでは，JR中央線西荻窪駅から徒歩圏内にある2LDKのマンションについて推定してみました．データは，リクルート社の住宅情報サイトSUUMO（スーモ）の2017年5月9日のデータを使っています．最寄り駅が西荻窪駅の物件（吉祥寺駅や荻窪駅より西荻窪駅が近いもの）に絞りました．家賃（Y）は月額で，単位は万円，管理費も足し合わせたものとしています．広さ（X_1）の単位は平方メートル，物件の古さ（X_2）は築年数，駅からの距離（X_3）は徒歩で何分かかるかで表示しています．

■ 家賃の推定（単回帰分析）

まず，推定する前にそれぞれの変数の特徴をみてみましょう．平均，中央値，標準偏差の意味については**第2講2.1節**を参照してください．家賃の平均は15万9000円です．2LDKに限っているため比較的高くなっています．広さの平均は57.5平方メートル，築年数の平均は22.6年，駅からの距離は平均9.5分です（駅からの距離は，不動産物件によくあるように，徒歩で何分かかるかで示されています）．サンプルは70個ありました（表9-1）．

まず，単回帰分析を行ってみましょう（**第5講5.2節**参照）．家賃（Y_i，単位：万円）と広さ（X_{1i}，単位：m^2）の関係を調べます．推定された式は以下の式です．

表 9-1 記述統計量

	家賃	広さ	築年数	距離
	万円	m²	年	分
平均	15.9	57.5	22.6	9.5
中央値	15.0	55.1	25	8
最大値	27.0	102.4	48	19
最小値	7.9	37.1	0	1
標準偏差	4.2	14.2	13.5	5.0
サンプル数	70	70	70	70

（出所）リクルート社，SUUMO（スーモ）ウェブサイト（2017年5月9日）

$$Y_i = 1.58 + 0.25 X_{1i} + u_i \quad (9.3)$$
$$(1.39) \quad (12.9)$$

$$R^2 = 0.710 \quad \bar{R}^2 = 0.706 \quad s = 2.27$$

Y_i が被説明変数，X_{1i} が説明変数，u_i が推定誤差となります。これを表6-1の「Excelによる推定結果」に対応させると，1.58は「切片」の「係数」，0.25は，「X値1」の「係数」に当たります。係数の下にあるカッコ内の数値は t 値（**第6講6.5節**参照）で，推定した係数が信頼できるものかどうかを示しています。表6-1では，それぞれ「切片」の「t」，「X値1」の「t」に当たります。

R^2 は決定係数（**第6講6.1節**参照），$\bar{R}^2$ は自由度修正済決定係数（**第6講6.2節**，次頁でも詳しく解説します）を表しています。両者とも説明変数によってどの程度被説明変数をうまく推定できるかを表しているものです。表6-1では，それぞれ「回帰統計」の「重決定 R2」，「補正 R2」に当たります。

s は誤差の標準偏差（**第2講2.1節**参照）を表しています。誤差にどの程度ばらつきがあるかを表していますが，同時に被説明変数の推定値がどの程度信頼できるかも表しています。(9.3)式でわかるように，誤差 u_i のばらつきは，Y_i のばらつきにつながるからです。表6-1では，「回帰統計」の「標準

誤差」に当たります。

推定結果をみると，自由度修正済決定係数は，0.706 となりました。広さの係数は 0.25 で，対応する t 値は 12.9 と高いです。これは広い家ほど家賃が高いという関係を表しています。

■ 家賃の推定（重回帰分析）

広さが家賃に関係することがわかりました。では，それ以外にどのような要因が家賃に関係するでしょうか。たとえば，ほかの条件が等しければ，新築の家の方が築 20 年の家よりも家賃は高いでしょう。また，駅から歩いて 20 分の物件と 5 分の物件では利便性に違いがあるため，家賃に違いがあるはずです。家賃（Y_i，単位：万円）には広さ（X_{1i}，単位：m^2）のほか，築年数（X_{2i}，単位：年）と駅からの距離（X_{3i}，単位：分）も関係がありそうです。両変数を加えて推定すると以下の結果になりました。

$$Y_i = 4.70 + 0.25X_{1i} - 0.046X_{2i} - 0.25X_{3i} + u_i \quad (9.4)$$
$$(3.52)\ (13.61)\ \ (-2.43)\ \ (-5.31)$$

$$R^2 = 0.814 \quad \bar{R}^2 = 0.805 \quad s = 1.86$$

X_{2i} や X_{3i} にかかる係数がマイナスなので，物件が古くなると家賃は下がり，駅から遠くなると家賃が下がることがわかります。決定係数は 0.814 となり，説明変数が 1 つの場合（0.710）より，当てはまりがよくなっていることがわかります。

そのほかにも家賃の決定に影響を与える変数はあるはずで，それらの変数を追加していくことでさらに推定精度を上げることができます。

■ 自由度修正済決定係数

決定係数は当てはまりを示す尺度ですが，重回帰分析では，自由度修正済決定係数がよく使われます（単回帰分析でも**第 6 講 6.2 節**において説明しました）。自由度とは，サンプル数から係数の数を引いたもので，係数を決めるための情報量の大きさと考えることができます。係数の数とは，定数項と説明変数それぞれにかかる係数の数です。つまり係数の数＝説明変数の数＋1

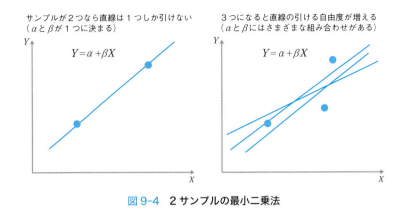

図 9-4　2 サンプルの最小二乗法

となります。

> 自由度＝サンプル数−（説明変数の数＋1）

　決定係数の特徴として，自由度が小さい場合は，決定係数が高まるという現象があります。

　たとえば，2 つしかサンプルがない場合，直線は 1 つしか引けません。2 つの点を結んで直線を作る以外に直線は引けないのです（図 9-4 参照）。さまざまな直線を引く自由が奪われた状態です。これを自由度の観点から説明すると以下のようになります。直線を決めるには，α と β という 2 つの係数を決める必要があります。サンプル数の 2 から係数の数 2 を引くとゼロとなり，自由度はゼロだということがわかります。サンプルが 3 つになると，描ける直線の自由度は増えます。

　自由度がゼロということは，その直線以外正解がないということになり，決定係数は 1 となります。このように，サンプルが少ない場合や，係数が多い場合は自由度が減ることがわかります。サンプルが 2 つで係数が 2 つの場合は決定係数が 1 となりますが，それが良い推定結果と呼べるでしょうか。単に，サンプルが少なかったために見かけ上決定係数は大きくなりますが，実際にはサンプルを 10 個，100 個と増やしていけば違う結果がでる可能性

9.2　家賃の推定に応用してみよう

表 9-2　説明変数の数が $\bar{R}^2$ に与える影響

サンプル数	決定係数	自由度修正済決定係数		
		係数の数		
		2	3	4
$n=10$	0.900	0.871	0.850	0.820
$n=100$	0.900	0.898	0.897	0.896
$n=1000$	0.900	0.900	0.900	0.900

が大きいです。

自由度修正済決定係数はこうした不都合を解消するために考えられました。決定係数を計算する際に自由度を考慮し，自由度が少ない場合は決定係数が低くなるように工夫されたものです。

自由度修正済決定係数と決定係数の関係を式にすると以下のようになります。サンプル数が n で係数の数が k です。

$$\bar{R}^2 = 1 - (1-R^2)\left(\frac{n-1}{n-k}\right) \tag{9.5}$$

R^2：決定係数，n：サンプル数，k：係数の数（説明変数の数＋1）

決定係数に比べて，説明変数の数が増えれば増えるほど，自由度修正済決定係数は小さくなることがわかります。前述の例ですと，サンプル数が 2 で係数が 2 の場合は，分母がゼロになって計算できない結果となります。決定係数は 1，自由度修正済決定係数は「不能（方程式の解がないこと）」という結果になります。

表 9-2 にみられるようにサンプル数が 1000 くらいあれば，説明変数の数を増やすことによる係数の数の増加にそれほど大きな影響はありません。決定係数が 0.9 のとき，説明変数が 2 つでも 4 つでも自由度修正済決定係数は 0.9 です。しかし，サンプル数が 10 程度の場合は説明変数を増やすことで，自由度修正済決定係数は大きく変わります。決定係数が 0.9 のとき，説明変数が 2 の場合は 0.871 ですが，説明変数が 4 の場合は 0.820 になります。決

定係数がもともと低い場合は，自由度修正済決定係数がマイナスになる場合もあります。

■ 係数の意味

家賃の式の係数は，ほかの条件を一定としたときの，その説明変数が与える影響を表しています。

たとえば，広さの変数にかかる係数は 0.25 ですが，これは，広さが 1 平方メートル広くなったときに，家賃が 0.25 万円（2500 円）上がるということを示しています。同様に，1 年古くなると家賃は 0.046 万円（460 円）下がり，駅から徒歩で 1 分遠くなると 0.25 万円（2500 円）下がるということになります。

これらの係数は，「ほかの条件が一定の場合」の変化を表しています。広さの係数が表すのは，築年数や駅からの距離が変わらない場合の広さの家賃への影響ということになります。

■ 説明変数の数と係数への影響

重回帰分析では，説明変数の数をいくらでも増やすことができます。しかし，意味のない（被説明変数に影響しない）変数を説明変数としても仕方がないでしょう。

計量経済学では，必要な変数が説明変数として入っていない場合と，必要でない変数が説明変数として入っている場合にどのような影響がでるかがわかります。

正しい式の説明変数が 1 つの場合，説明変数を 1 つで推定することは問題ないでしょう。正しい推定法になります。では，さらに説明変数を加えて分析した場合はどうなるでしょうか。この場合は，加えた変数の係数の t 値は低くなるはずです。t 値が低いということは係数の値がゼロと変わらない，ということで正しい説明変数への影響はそれほど大きくはありません。

一方，説明変数が 2 つあるのが正しい場合では事情が違います。説明変数が 2 つある場合に，正しい説明変数 2 つを使って推定するのが正しい推定法です。では，説明変数を 1 つだけで推定するとどうなるでしょうか。その係

表 9-3　説明変数の過不足の影響

		正しい式	
		説明変数が1つ	説明変数が2つ
推計式	説明変数が1つ	問題なし	説明変数不足 係数の推定に問題
	説明変数が2つ	説明変数過剰 係数の推定に大きな影響はない	問題なし

数は,信頼できない係数になります(表 9-3 参照)。

それは,家賃の推定式をそれぞれ1つずつで推定した場合と,3つ一緒に推定した場合の係数の違いをみればわかります。

3つ一緒に推定した場合が正しい推定式に近いと考えられます。

$$Y_i = 4.70 + 0.25X_{1i} - 0.046X_{2i} - 0.25X_{3i} + u_i \qquad (9.4)$$
$$(3.52)\ (13.61)\ (-2.43)\ (-5.31)$$
$$R^2 = 0.814 \qquad \bar{R}^2 = 0.805 \qquad s = 1.86$$

広さだけで推定した場合は,係数は 0.25 で 3 つ一緒の場合と変わらない結果となりました。広さで家賃の大半が説明できることがわかります。しかし,ほかの変数がある場合よりは決定係数が落ちます。

$$Y_i = 1.58 + 0.25X_{1i} + u_i \qquad (9.3)$$
$$(1.39)\ (12.9)$$
$$R^2 = 0.710 \qquad \bar{R}^2 = 0.706 \qquad s = 2.27$$

次に,築年数だけで推定した場合です。この場合は,3つの変数で推定した場合の係数が -0.046 に対し,-0.166 となり大きく異なります。自由度修正済決定係数が 0.805 に対し,0.274 です。このことから,家賃に決定的な影響を与える広さという変数がなければ,係数の値は大きく変わり,決定係数も低くなることがわかります。

$$Y_i = 19.6 - 0.166X_{2i} + u_i$$
$$(23.5)\ (-5.2)$$
(9.6)

$$R^2 = 0.285 \quad \bar{R}^2 = 0.274 \quad s = 3.56$$

　さらに，駅からの距離だけでは，家賃は全く推定できないことがわかります。自由度修正済決定係数はマイナスになっています。もちろん駅からの距離は家賃に影響を与えるわけですが，それは広さや築年数を考慮した上で，それ以外の要因として影響を与えていることがわかります。

$$Y_i = 16.26 - 0.038X_{3i} + u_i$$
$$(15.09)\ (-0.38)$$
(9.7)

$$R^2 = 0.002 \quad \bar{R}^2 = -0.013 \quad s = 4.21$$

　一方，さらに，説明変数を加えた場合はどうなるでしょうか。新たな変数として，家賃の千の位の変数（X_{4i}）を入れてみました。家賃が7万9000円の場合は9000円，15万1000円の場合は1000円という変数で，家賃の決定とは関係のない変数であることがわかります。

　このような影響力のない変数を入れると，t 値は低くなります。しかし，ほかの変数に大きな影響は与えません。3変数で推定した場合と係数自体はそれほど変わってないことがわかると思います。必要な変数がない場合は大きな影響を与えますが，関係のない変数が入っていてもそれほど大きな影響がないことがわかります。

$$Y_i = 4.56 + 0.25X_{1i} - 0.045X_{2i} - 0.25X_{3i} + 0.23X_{4i} + u_i$$
$$(3.30)\ (13.32)\ (-2.34)\ (-5.19)\ (0.33)$$
(9.8)

$$R^2 = 0.814 \quad \bar{R}^2 = 0.803 \quad s = 1.86$$

コラム　徒歩何分は誰の徒歩か

　不動産業界では，物件の駅からの距離を「徒歩○○分」で表します。大人や子どもで，歩く速さは違いますが，誰を基準にしているのでしょうか。正解は，ハイヒールを履いた女性が基準で，1分80mとされています（「不動産の表示

に関する公正競争規約施行規則」に定められています）。徒歩 10 分ということは駅から 800m 離れていることを表します。時速に直すと，4.8km です。

　ちなみに，車の走行では 1 分 400m とされています。時速 24km なので，ちょっと遅いですね。

コラム　BLUE

　最小二乗法は，望ましい性質を持っていると述べましたが，どのような望ましい性質を持っているのでしょうか。それを表す言葉として，BLUE があります。Best Linear Unbiased Estimator（最良線形不偏推定量）の略です。

　まずは，線形（linear）という条件があります。これは式の形が線形であるということです。説明変数と係数をかけたものが足し算の形で並び，説明変数をかけたもの（$\beta_1 X_{1i} \times X_{2i}$ など）が式に入っていないことを意味します。

$$Y_i = \alpha + \beta_1 X_{1i} + \beta_2 X_{2i} + \beta_3 X_{3i} + u_i \quad (i = 1, 2 \cdots, n) \tag{9.2}$$

　また，偏りがない（unbiased）ということも重要です。推定は，限られたサンプルから，真の値を探そうというものです。限られたサンプルから当てようとするので，外れることは仕方ないですが，外れ方が偏っていないことを「不偏性」といいます。

　最良（best）とは，推定された係数の分散が最も小さくなるということです。こうした性質を持つため，最小二乗法が使われます。

■ Active Learning

《重要事項のチェック》

- ☐ 1　決定係数と自由度修正済決定係数はどう違いますか。
- ☐ 2　説明変数が足りない場合と多すぎる場合ではどちらがよいですか。

《Exercises》

　　パソコン価格について，重回帰分析をしてみましょう。「価格.com」というウェブサイトでは，さまざまなパソコンの価格を性能と合わせて表形式で出力できるので便利です。条件なしで検索すると 2000 件以上も出てくるので，学習のために推定する場合にはある程度件数を絞る必要があります。

パソコンの性能としては，CPU の速さ（クロック数），メモリの容量，ストレージの容量などが重要です。これらの価格にはどのような関係があるかを重回帰分析で求めてみましょう。

　価格を被説明変数，説明変数をクロック数，メモリ容量，ストレージ容量として推定してみましょう。また，ディスプレイの液晶サイズを追加した場合はどうなるでしょうか。

　重回帰分析は，本来はもっと大きなサンプルで行うものなので，いろいろなデータを使って推定を試みてください。日本銀行は，企業物価指数の推計にパーソナルコンピューターの価格関数を使っています（日本銀行ウェブサイト内の企業物価指数（2015 年基準）の関連資料より「ヘドニック回帰式の推計結果」参照）。

表 9-4　パソコンの価格表

商品	価格(円)	クロック数(GHz)	メモリ容量(GB)	ストレージ容量(GB)	液晶サイズ(インチ)
1	127224	2.3	4	128	13.3
2	133704	2.3	4	128	11.6
3	146664	2.3	4	128	11.6
4	149904	2.3	4	128	11.6
5	169344	2.9	4	128	13.3
6	174744	2.5	8	256	13.3
7	201744	2.9	8	256	13.3
8	206064	2.5	8	256	11.6
9	215784	2.9	8	128	13.3
10	248184	2.9	8	256	13.3
11	276804	3.3	16	256	13.3
12	291384	2.5	16	512	13.3
13	304344	3.3	16	256	13.3
14	333504	3.3	16	512	13.3
15	352944	3.3	16	512	13.3

（注）　2016 年に登録されたノートパソコンのうち，バイオ製直販モデルで，コア数が 2，ストレージがソリッドステートドライブ（SSD）のもの。
（出所）　価格.com

文献紹介

- 山本拓（1995）『計量経済学』新世社
- 日本銀行調査統計局（2017）『2015 年基準企業物価指数の解説』

第10講
推定モデルの作り方

■この講では，被説明変数 Y と説明変数 X を使った式の作り方について考えます。通常，推定式は，線形関係を仮定しますが，実際には Y と X の関係が放物線や双曲線といった曲線の関係の場合もあります。複雑な関係をしているものも，式の形を変えることによって簡単に推定できるような場合もあります。本講を読み終えれば，さまざまな式の形で分析ができるようになり，分析の幅が広がることになるでしょう。

10.1　X と Y の関係はさまざまな形がある……

■ 散布図で関係を把握する

　グラフにはさまざまな種類があります。Excel のメニューバーにある［挿入］のタブを選び，その中にある［グラフ］の種類をみると，縦棒，折れ線，円，横棒，面グラフなどのほかに散布図があります。散布図という言葉はわかりにくいですが，横軸に X の値，縦軸に Y の値をとって表したグラフです。経済学でよくみる折れ線グラフや棒グラフは，横軸は日付，縦軸に経済系列の場合が多いですが，散布図では，横軸が X の値，縦軸が Y の値になっています。散布図は計量経済学では非常に重要なグラフになります。

　散布図のグラフとして有名なものに，フィリップス曲線があります。これは，景気とインフレの関係を表すグラフです。縦軸にインフレ率（消費者物価上昇率），横軸に失業率をとります。図 10-1 は，日本の 1960 年から 2016 年までのデータを描いたものです。失業率が高いときは，インフレ率が低く，失業率が低いときはインフレ率が高いことを示しています。理想的には，失

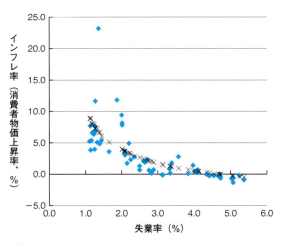

（注）日本の 1960 年から 2016 年までのデータ。
（出所）World bank "World Development Indicators"

図 10-1　フィリップス曲線

業率が低くてインフレ率も低い経済が望ましいですが，なかなかうまくいきません。このような，「あちらを立てればこちらがたたず」という関係を<u>トレードオフ</u>といいます。

だいたい双曲線の形になっているのがわかると思います。最も簡単な双曲線は式で描くと，以下のようになります。

$$Y = \frac{1}{X} \tag{10.1}$$

X が増えると Y が減るという関係ですが，線形関数のような直線の関係ではなく，曲線を描くのが違いです。計量経済学ではこうしたグラフを使って推定できることが望ましいです。この講ではさまざまな関数形の推定を試みます。

■ 実証分析の方法

<u>実証分析</u>は，経済理論から導き出された関係を実際のデータに当てはめて検証する，という作業です。頭の中にある抽象的な概念を，具体的な形にすることといってもいいでしょう。

10.1　X と Y の関係はさまざまな形がある　　119

経済理論から導き出されるものは,「X が増えれば Y も増える」という関係を示唆する程度のおおざっぱな結論の場合もあります。この場合は,以下のような式が想定できます。

$$Y_i = \alpha + \beta X_i \qquad (10.2)$$

こうした関係を線形の関係と呼びます。β が正なら,X が増えると Y が増えるという関係になり,β が負なら X が増えると Y が減るという関係になります。

実際にこうした式を推定することで,頭の中で考えた理論が,現実の経済でも成り立つのかどうかを実証することが重要です。

■ モデルのスペック

スペックとはスペシフィケーション（specification）の略で,仕様書,明細,内訳などと訳します。計量経済学では,どのような変数をどのような関数を用いて推定するかをスペックといい,スペックを決めることを定式化といいます。

モデルのスペックにはさまざまなものが考えられます。被説明変数と説明変数に何を使うのかがスペックを決める基本ですが,関数の形も決める必要があります。

前述したように,X と Y が線形の関係を仮定する場合が多いですが,X の二乗が Y に影響する場合もあるし,X の三乗が Y に関係する場合もあります。関数には 2 次関数,3 次関数などの多項式や,指数関数,対数関数などがあり,それぞれを使って推定式を作ることができます。

ただ,最小二乗法が望ましい性質を持つのは線形推定量（**第 9 講**の**コラム**「BLUE」参照）においてです。一見,複雑な関数でも,線形の形で推定できるものも多いです。まずは,線形に変形できないかを考えてみることが重要です。

■ 線　形

線形の関係とは,被説明変数 Y と説明変数 X が一次方程式の形で表されるものです。散布図で描くと,直線になります。説明変数を増やしていくこ

ともできますが，係数×説明変数の足し算の形で表され，たとえば，$Y = \alpha + \beta_1 X_1 + \beta_2 X_2$ という式です。これが定式化の基本形です。分析する場合は，まず線形の形で分析し，その後さまざまな形で応用していくのがよいでしょう。

■ 2 次関数

散布図が 2 次関数の形になっているもので，曲線になります。曲線には 2 次関数以外にも，3 次関数，4 次関数などさまざまな形がありますが，2 次曲線を使う場合が多いです。3 次関数や 4 次関数などになると変曲点（へこみやでっぱり）が増えて複雑な形になります。

■ 逆　数

逆数の関係は，「反比例」の関係と同じです。X が 2 倍，3 倍になると，Y が 2 倍，3 倍になる関係を「比例」と呼び，X が 2 倍，3 倍になると，Y が 2 分の 1，3 分の 1 になる関係を「反比例」と呼びます。

グラフにすると双曲線になります。推定するには難しそうですが，変数 X を $1/X$ に変形すれば，線形の形で推定できます。

双曲線には Y や X を無限大にすると近づく線（漸近線）があります。データをみて，漸近線をあらかじめ決めてから推定する必要があります。

■ 対　数

対数は，大きな数値を小さくみせるような表示形式と考えればわかりやすいです。「1 兆」は，通常表記ではゼロが 12 個も付きますが，常用対数（10 の何乗かを表す）では「12」となります。1000,000,000,000 を 12 と表せるのです。1 億は 8 で，1 万は 4 です。

> 1 兆：$\log_{10} 1000{,}000{,}000{,}000 = 12$
> 1 億：$\log_{10} 100{,}000{,}000 = 8$
> 1 万：$\log_{10} 10{,}000 = 4$

計量経済学で対数といえば，自然対数（e の何乗かを表す）ですが，考え方は同じです（講末のコラム「常用対数と自然対数」参照）。

また，計量経済学で重要なのは，被説明変数，説明変数を両方とも対数にする対数線形という形です。対数線形が便利なのは，係数が被説明変数や説明変数の単位に影響されないことです。係数は X が 1% 増えたときに Y が何％増えたか（弾性値）を表します。X の単位がメートルでもキロメートルでも，弾性値を表すので係数は変わりません。変わるのは定数項だけです。

さらに，対数には大きな数字を小さくする効果があるため，不均一分散（第12講 12.2節 参照）の解消にも役立ちます。多少推定に慣れてきたら，対数で推定することを標準にすることが望ましいです。

たとえば，第9講で推定した家賃の式は以下の式でした。Y_i は家賃で単位は万円，X_{1i} は広さで単位は平方メートルです。

$$Y_i = 1.58 + 0.25 X_{1i} + u_i \qquad (9.3)(再掲)$$
$$(1.39) \ \ (12.9)$$
$$R^2 = 0.710 \qquad \bar{R}^2 = 0.706 \qquad s = 2.27$$

この式の被説明変数，説明変数ともに自然対数に置き換えて推定します。対数で推定すると，推定結果は以下のようになります。自由度修正済決定係数は下がりますが，弾性値が計算できることは便利なので，こちらの式を使うことが多いです。

$$\log(Y_i) = -0.89 + 0.90 \log(X_{1i}) + u_i \qquad (10.3)$$
$$(-2.86) \quad (11.6)$$
$$R^2 = 0.665 \qquad \bar{R}^2 = 0.660 \qquad s = 0.15$$

この式は，部屋の広さが 1% 広がると家賃が 0.9% 増えることを意味しています。たとえば，家賃の単位を万円単位から円単位に変えると式はどうなるでしょうか。

$$\log(Y_i) = 8.32 + 0.90 \log(X_{1i}) \qquad (10.4)$$
$$(26.6) \quad (11.6)$$
$$R^2 = 0.665 \qquad \bar{R}^2 = 0.660 \qquad s = 0.15$$

定数項の値と t 値が変化するだけで，部屋の広さにかかる係数は変わらず，

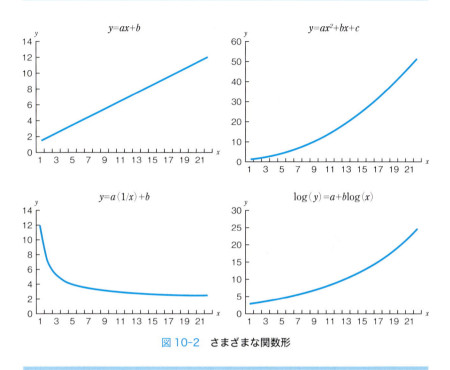

図 10-2　さまざまな関数形

決定係数なども変わりません。このように，弾性値を求めることが目的の場合，対数線形は，被説明変数や説明変数の単位に影響されない便利な推定法です。

対数を使わない場合，集めてきたデータの単位を揃えることが重要な作業になります。単位を考えずに推定すると，係数が非常に大きくなったり小さくなったりします。大きくても小さくても本来は問題ないですが，表にしたときの見栄えが悪いです。推定結果が 0.0000423 よりは，42.3 の方がわかりやすいでしょう。対数で推定する場合はそうした作業から解放されるので，便利な推定法です。

これまで紹介してきた X と Y のさまざまな関係をグラフでみたものが図 10-2 です。

10.2 見せかけの相関

■ インドネシアとアイスランドの人口

分析では最小二乗法は頻繁に使われますが,「見せかけの相関」という問題があります。上方トレンドを持った右上がりの変数どうしを回帰させると, 本来関係ない変数どうしでも, 良好な結果を示してしまうという問題です。

たとえば, インドネシアの人口 (Y_i) にアイスランドの人口 (X_i) を回帰させてみましょう。単位は万人です。

$$Y_i = -9993 + 1089X_i + u_i \quad (10.5)$$
$$(-30.0) \quad (79.9)$$

$$R^2 = 0.990 \quad \bar{R}^2 = 0.990 \quad s = 592.2$$

決定係数は 0.990 で, t 値も 79.9 と有意な推定結果を得ることができます。しかし, この結果をもって,「アイスランドの人口がインドネシアの人口を増加させている」という結論を出すのはおかしいでしょう。

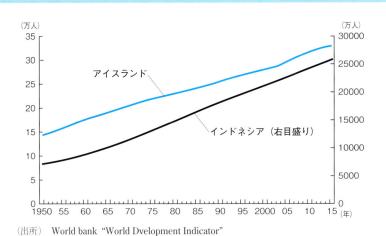

(出所) World bank "World Dvelopment Indicator"

図 10-3 アイスランドとインドネシアの人口

上方トレンドを持った変数は多く，こうした推定結果は頻繁に出てきます。ではどのように対処すればよいのでしょうか。

■ 階差での推定

「見せかけの相関」の問題を回避するために，階差（＝前期差のこと）をとって推定することが多いです。階差は，Δ（デルタ）と表します。Δは三角形なので○や◇といった図形の一種のようにみえますが，ギリシャ文字の一つで大文字がΔ，小文字がδというれっきとした文字です。

多くの経済系列は，階差をとると見せかけではない実態を伴った相関を表します。式の形としては以下のようになります。

$$\Delta Y_i = \alpha + \beta \Delta X_i + u_i$$

ただし，

$$\Delta Y_i = Y_i - Y_{i-1}, \quad \Delta X_i = X_i - X_{i-1}$$

単調に増加する変数どうしを推定すると，両方とも右上がりの形をしているので決定係数が見かけ上高くなりますが，伸び率どうしで推定するとその要素が排除されるのでより正確な推定ができるということです。

第14講で詳しく述べますが，経済変数はランダムウォーク系列である場合が多く，階差をとると定常となるので，階差で推定するということが理論的な背景にあります。

また，対数をとったのちに階差をとる対数階差もよく使われます。対数階差というと難しそうですが，前期比伸び率とほぼ同じです（講末の**コラム「対数階差が前期比伸び率になる理由」**参照）。被説明変数，説明変数ともに，前期比伸び率をとって推定したと考えればわかりやすいでしょう。

$$\Delta \log(Y_i) = \alpha + \beta \Delta \log(X_i) + u_i$$

ただし，

$$\Delta \log(Y_i) = \log(Y_i) - \log(Y_{i-1})$$
$$\Delta \log(X_i) = \log(X_i) - \log(X_{i-1})$$

変数どうしに本当に相関がある場合は，階差をとらずに推定しても問題ないので，初めのうちは階差をとらない推定で分析を進めていってもよいと思います。ただ，厳密な推定をしたい場合には，階差をとって推定することが必要になる場合があります。

■ エラーコレクションモデル

エラーコレクション（誤差修正）モデルで推定するという考え方もあります。短期的関係と長期的関係という二本の方程式から成り立っています。

$$\Delta Y_i = \alpha \Delta X_i - \beta \varepsilon_{i-1} + u_i \quad \text{（短期的関係）}$$
$$\varepsilon_i = Y_i - (\gamma + \delta X_i) \quad \text{（長期的関係）}$$

長期的関係の式は，ε_i は，Y_i が長期的な関係からどのくらい離れているかを表します。Y_i が現実の値，$\gamma + \delta X_i$ が長期的な均衡状態の値となります。短期的関係の式は，長期的な均衡値からのかい離 ε_i を小さくするように ΔY_i が修正されていくことを表しています。このメカニズムが成り立つためには係数 β は正でなければなりません。

10.3　多重共線性

■ 説明変数どうしの相関が問題

変数選択の問題として重要なものに，多重共線性（マルチ・コリニアリティ）があります。英語の multi-collinearity の訳です。multi は多重，co は共，linearity は線性（line の性質）ということで，完全な直訳です。この問題はよく起こるので「マルチコ」という略称もよく使われます。

最小二乗法が最良の推定値になるには，説明変数どうしの相関がないことが前提ですが，多重共線性はその仮定が満たされない場合です（**第12講**参

照)。多重共線性の問題を直観的に理解するには，説明変数に同じ変数を2つ入れるとどうなるかを考えればよいです。

X_i を Y_i に回帰して，β という係数が得られたとします。

$$Y_i = \alpha + \beta X_i + u_i \quad (i=1,2\cdots,n) \tag{10.6}$$

では，同じ X_i を説明変数に追加するとどうなるでしょうか。同じ変数を2つ説明変数とするということです。

$$Y_i = \alpha + \beta_1 X_i + \beta_2 X_i + u_i \quad (i=1,2\cdots,n) \tag{10.7}$$

β_1 と β_2 を1つに決められないことがわかるでしょう。(10.6) 式を推定した結果 $\beta=1$ だった場合，(10.7) 式の β_1 が 0.5，β_2 が 0.5 の組み合わせでも $\beta=1$ になりますし，β_1 が 0.2，β_2 が 0.8 の組み合わせでも $\beta=1$ になります。$\beta=\beta_1+\beta_2$ を満足する β_1，β_2 の組み合わせは無数にあり，決められません。

このように，完全に等しい変数を2つ説明変数として使った場合は，計算できません。では，等しいとまではいかなくても相関が高い場合はどういう現象が起こると考えられるでしょうか。X_{1i} と X_{2i} が非常に似た変数の場合を考えてみましょう。

$$Y_i = \alpha + \beta_1 X_{1i} + \beta_2 X_{2i} + u_i \quad (i=1,2\cdots,n) \tag{10.8}$$

この場合は説明変数が完全に等しい場合と違って，β_1 や β_2 は推定できます。しかし，係数の値は非常に不安定になることが予想できます。サンプル数が1つ増えただけでも，係数が大きく変わるでしょう。計算した結果を信用しにくいのです。

これは，以下の図 10-4 を用いて説明するのがわかりやすいと思います。変数 x と変数 y から変数 z を推定する場合を考えます。

第9講でも解説したように，最小二乗法で $z=a+bx+cy$ という式が導き出せます。これは，ある平面を想定し，各観測値と推定値の誤差の二乗が最も小さくなるような平面を決める作業です。

x と y の相関がそれほど高くなければ，xy 平面上に適度に変数がばらつき，

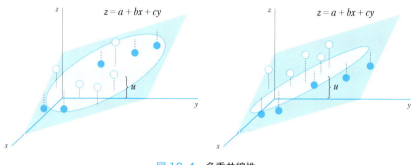

図10-4 多重共線性

そこから作られる平面は安定性があります。

しかし，xとyとの相関が高い場合は，x軸とy軸とで作られる平面上にほぼ一直線上に並びます（完全に一直線上に並ぶのが，同じ変数を使った場合です）。その平面は安定せずぐらぐらしており，新たなサンプルが1つ加わるだけで平面が変わる可能性があります。それは，平面を決定する係数a，b，cが不安定であることを意味します。

■ 多重共線性の解消法

多重共線性の解消は，相関している変数を説明変数として使わないことにつきます。似たような変数なわけですから，1つの説明変数を使えば十分です。

1つの変数を選びにくい場合は，2つの変数を合成することが考えられます。2つの変数の平均をとるのが1つの方法です。多くの似た変数がある場合は，<u>主成分分析</u>を使って1つにまとめるという方法もあります。

■ オリンピックの獲得メダル数の推定

多重共線性の例として，オリンピックのメダル数とその要因を考えてみましょう。オリンピックのメダル数は国の経済力とある程度関係があるでしょう。経済力がある国はトレーニング施設や選手の育成制度が整っている可能

性が高いためです。また，人口が多い国は出場選手も多く，優秀な選手がいる可能性も高まると考えられます。

そこで，GDPや人口の大きい国はメダルの数が多い，という仮説が立てられます。

2016年のリオデジャネイロ・オリンピックの国別メダル獲得数（金，銀，銅メダル合計）をGDPや人口で推定してみましょう。

メダルの数（M_i）は新聞のウェブサイトに載っていますが，元データはリオデジャネイロ・オリンピック大会組織委員会が作成したものです。GDP（G_i，兆ドル）や人口（P_i，億人），一人当たりGDP（$G1_i$，万ドル）の各国データは世界銀行のWorld Development Indicators（WDI）にあります。対象国は，メダル獲得数上位50カ国のうち，WDIでデータのとれる国としました。北朝鮮と台湾のサンプルが入っていません。

メダル獲得数（M_i）を被説明変数，GDP（G_i）を説明変数として最小二乗法で推定すると以下の結果になりました。

$$M_i = 10.42 + 6342 G_i \qquad (10.9)$$
$$\quad\ (6.68)\ \ (13.36)$$
$$R^2 = 0.795 \quad \bar{R}^2 = 0.791 \quad s = 10.0$$

GDPとメダル獲得数に相関があることがわかります。次に人口（P_i）を説明変数としてみました。

$$M_i = 14.34 + 5.53 P_i \qquad (10.10)$$
$$\quad\ (4.86)\ \ (4.02)$$
$$R^2 = 0.260 \quad \bar{R}^2 = 0.244 \quad s = 19.0$$

決定係数は低いですが，人口にかかる係数は有意なので人口とも関係があることがわかります。ではこの2つを並べて推定してはどうでしょうか。

$$M_i = 10.79 + 6.99 G_i - 1.31 P_i + u_i \qquad (10.11)$$
$$\quad\ (6.87)\ \ (11.16)\ (-1.39)$$
$$R^2 = 0.804 \quad \bar{R}^2 = 0.795 \quad s = 9.92$$

という形です。人口の係数がマイナスになってしまいました。1つずつ推定した場合はプラスだったのに，不可解な結果です。これは，GDPと人口に相関があって，係数が不安定になっているからだと考えられます。実際，GDPと人口の相関係数は 0.65 で，少なからず相関していることがわかります。

ではどうすればよいでしょうか。この場合は GDP ではなく，一人当たり GDP を使うことで解決できます。人口要因に加え，国の規模ではなく豊かさを表す一人当たり GDP（G1，万ドル）を使えば多重共線性の問題が回避できるというわけです。推定結果は以下の通りです。

$$M_i = 4.14 + 4.88 G1_i + 5.92 P_i + u_i \qquad (10.12)$$
$$\quad (1.11)\quad (3.82)\quad\;\; (4.88)$$

$$R^2 = 0.441 \qquad \bar{R}^2 = 0.416 \qquad s = 16.7$$

決定係数は GDP だけの方が大きいですが，2つの要因に分けて分析ができます。また，メダル獲得数に関係する変数をさらに加えて決定係数を上げていく余地があります。

コラム　常用対数と自然対数

対数でよく使うのは自然対数です。常用対数の考え方はわかりやすく，切りのよい数字の「ゼロの数」だと思えばいいです。10は1となり，100は2になります。1億は8です。10の何乗かを表しています。100は10の二乗です。

自然対数は多少わかりにくく，e の何乗なのかを表したものです。

e は，ネイピア数またはオイラー数と呼ばれ，実際には 2.71828… です。円周率を π と表すのと同じです。

e は次の式が表すものになります。

$$\lim_{n \to \infty} \left(1 + \frac{1}{n}\right)^n$$

これは，n をどんどん大きくしていくとどういう数字に近づくのか？ を表す式です。$1/n$ の方はどんどん小さくなりますが，$1 + 1/n$ なので，1よりも大きいことは確かです。それを n 乗するのでこれも1よりも大きくなることを示しています。試しに2を入れると，

$$\left(1 + \frac{1}{2}\right)^2 = (1.5)^2 = 2.25$$

となります。

　数をどんどん大きくしていくと，2.71…に近づいていきます。

　e がよく使われるのは e^x の微分が e^x となり，さまざまな計算が簡単にできるということが大きいです。

コラム　対数階差が前期比伸び率になる理由

　本文の中で対数階差が前期比伸び率になると述べましたが，数学が苦手な読者にとってはよくわからないかもしれません。

　この2つの関係を知るには多少数学に詳しくなくてはわかりません。しかし，対数階差による推定はよく出てくるので，とりあえずは対数階差＝前期比伸び率と覚えておくだけもよいと思います。

　簡単に説明しておきます。X_t という変数の前期比伸び率と対数階差の関係を考えます。前期比伸び率 g は以下のように表されます。

$$g = \frac{X_t - X_{t-1}}{X_{t-1}}$$

この式を変形して，X_t と X_{t-1} の比の形にします。

$$\frac{X_t}{X_{t-1}} = g + 1$$

この式の対数をとると以下の形になります。

$$\log X_t - \log X_{t-1} = \log(g+1) \approx g$$

≈は「近似的に等しい」という意味の記号です。$\log(g+1)$ は近似的に g に等しいので，この式が表しているのは，まさに「対数階差は前期比伸び率に等しい」ということです。

　$\log(g+1)$ がなぜ g に等しくなるのかについても説明しておきましょう。これは以下のテイラー展開が基本になっています。

$$\log(1+x) = x - \frac{x^2}{2} + \frac{x^3}{3} - \cdots + (-1)^{n-1} \cdot \frac{x^n}{n} + \cdots \quad (-1 < x \leq 1)$$

　ここで x に当たるのは，上式では g（前期比伸び率）です。たとえば，2%の場合は 0.02 という数字となります。現実のデータの場合，大きくても 10%程度でしょう。10%だとしても右辺第2項 $\frac{x^2}{2}$ は 0.005 となり，かなり小さい数字になります。それ以降の項はもっと小さい数字なので，これらを無視すれば，$\log(g+1)$ が g に近似的に等しくなるということになります。

■ Active Learning

《重要事項のチェック》

- □1 対数線形で推定するメリットは何ですか。
- □2 見せかけの相関とは何が問題ですか。
- □3 見せかけの相関を解決する方法は何ですか。
- □4 多重共線性とはどのような問題ですか。

《Exercises》

日本のフィリップス曲線について推定してみましょう（図10-1）。フィリップス曲線は，双曲線を仮定しています。双曲線の式は，中学で習う反比例の式 $y=1/x$ が基本です。漸近線が原点を通らない場合は多少変形する必要があります。y 軸に平行な漸近線を $x=c$，x 軸に平行な漸近線を $y=a$ とすると，以下の式になります。

$$y = a + \frac{b}{x-c}$$

今回は y 軸と平行な漸近線を $x=-0.25$ として推定することにします。y 軸と平行な漸近線を -0.25 とする場合は c に -0.25 を代入します。x 軸と平行な漸近線は定数項として推定されます。

$$y = a + \frac{b}{x-(-0.25)}$$

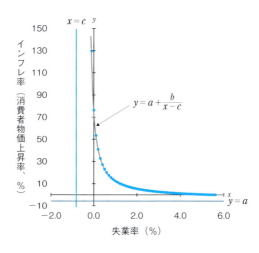

これを実際に推定するには，$y = a + bx$ の形にする必要があります。$X = 1/(x + 0.25)$ とすると，以下の式になります。

$y = a + bX$

この式を推定すると a と b を求めることができます。

文献紹介

- 堀場芳数（1991）『対数 e の不思議——無理数 e の発見からプログラミングまで』講談社（ブルーバックス）

第11講
ダミー変数，トレンド変数，ラグ変数

■この講では，説明変数のうち，経済データなどと異なるものを説明します。本講で扱う変数は表 11-1 のようなものです。これらの変数を知っていると分析に幅を持たせることができます。

　ダミー変数にはさまざまな種類があります。まず，クロスセクションデータに使う場合と時系列データに使う場合で異なります。

　クロスセクションデータで使う場合は，定数項ダミーと係数ダミーがあります。たとえば，ある年の年齢別の身長をみる場合です。男性と女性では水準に差があるでしょう。この場合は水準ダミーを使って修正します。年齢別の伸び率が違う場合は係数ダミーを使います。

　時系列データの場合は，一時的ダミー，水準変化ダミーが考えられます。また，季節性があるデータには季節ダミーを使うという手法があります。

　そのほか変数には，トレンド変数や，性格は違いますがラグ変数などがあります。

表 11-1　ダミー変数等の種類

種　類	データの性質	項　目		適用するケース
ダミー変数	クロスセクション	定数項ダミー		複数のグループの水準が違う
		係数ダミー		複数のグループの変化率が違う
	時系列	一時的ダミー	定数項ダミー	一時点だけ水準が違う
			係数ダミー	一時点だけ変化率が違う
		水準変化ダミー	定数項ダミー	ある時点以降水準が違う
			係数ダミー	ある時点以降変化率が違う
		季節ダミー		季節によって変化している
そのほかの変数	時系列	トレンド変数		一定の値だけ毎期増えていく
		ラグ変数		被説明変数が過去の値に影響される

11.1 ダミー変数とは

■ ゼロか1で表す変数

ダミー (dummy) とは，模造品，にせもの，替え玉といった意味です。自動車事故の衝撃を調べるために，人形に自動車を衝突させる実験をしますが，そこで使う人形は，人間の代わりをするという意味でダミー人形といいます。

計量経済学では，このような「代わり」という趣旨から通常の変数の代わりに，質的な属性などを表す変数として，ダミー変数を使います。

ダミー変数は，消費税率の上昇，東日本大震災，リーマンショックなど大きな出来事でデータが急激に変化するときに使います。2つの属性の場合，0か1で表します。

■ 定数項ダミーと係数ダミー

たとえば，最小二乗法による推定式は，1次関数の形で表記できます。説明変数が1つの場合は以下の形になります。

$$Y_i = \alpha + \beta X_i$$

ダミー変数は，この α や β をグループに対応して2種類に分けるものです。一つのグループには α_1，もう一つのグループには α_2 といった具合で β も同様です。このようにして，男子と女子，子供と大人，先進国と発展途上国などさまざまなグループの違いを表現することができます。ダミー変数は，定数項と係数のどちらに影響を与えるかで大きく2種類に分かれます。定数項 α を2つのグループに分ける場合を定数項ダミー，係数 β を2つのグループに分ける場合を係数ダミーと呼びます。

上の式は X_i から Y_i へ与える影響は，X_i を β 倍して α を加える，ということを示していますが，α や β が推定するグループによって変わるということを表すのが定数項ダミー変数や係数ダミー変数となります。α がグループによって違うと考える際は α を2つのグループに分ける定数項ダミーとし，β がグループによって違うと考える際は β を2つのグループに分ける係数ダ

ミーとします。

より具体的には，定数項ダミー変数は，データに2つのグループがあり，2つのグループの特徴を分けて推計するときに使います。係数ダミー変数はグループや期間の違いで，説明変数から被説明変数への影響力が変わったときに使います。これらは，クロスセクション・データ，時系列データ両方で使われますが，以下では，クロスセクション・データでの例を使って解説をしていきます。

■ 男女別平均身長

文部科学省の「体力・運動能力調査」（平成27年度）の「年齢別体格測定の結果」によると，男女別の平均身長は図11-1のようなグラフになります。このとき，年齢と身長の関係について，定数項ダミー変数，係数ダミー変数を使って推定をしてみましょう。定数項ダミーは，14歳以降の男女について，係数ダミーについては女子の6歳から19歳までの推定について考えます。

グラフをみると，男女の身長は12歳ころまではほぼ同じで，13歳以降差がついています。ただ13歳以降，男女で平均身長の差はありますが，年間の伸び率はほぼ同じようです。そこで，14歳から19歳までの期間に関して，定数項ダミーを使って推定してみましょう。

まず，ダミー変数なしで推定してみます。

身長（Y_i）と年齢（X_i）の関係は，以下のように表せます。

$$Y_i = \alpha + \beta_1 X_i + u_i \qquad (i = 1, 2 \cdots, n) \tag{11.1}$$

各年齢ごとの男女それぞれの平均値でこの式を推定すると以下のようになります。

$$\begin{array}{l} Y_i = 150.4 + 0.790 X_i + u_i \qquad (i=1,2\cdots,n) \\ (8.08)\ \ \ (0.70) \\ R^2 = 0.047 \quad \bar{R}^2 = -0.048 \quad s = 6.64 \end{array} \tag{11.2}$$

決定係数がかなり低くなっています。推定値は男女のグラフの真ん中を通るように推定され，どちらの観測値とも離れているためです。

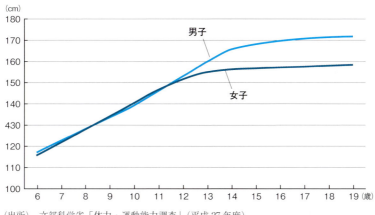

（出所）文部科学省「体力・運動能力調査」（平成 27 年度）

図 11-1 男子と女子の身長

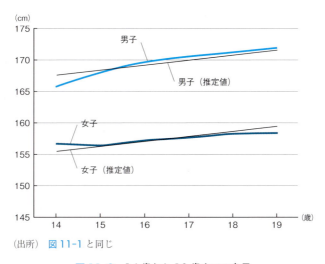

（出所）図 11-1 と同じ

図 11-2 14 歳から 19 歳までの身長

---

　14 歳から 19 歳までの身長について，年間の身長の増加幅を表す β_1 は男女共通とし，基礎となる男女の身長の差をダミー変数で表してみましょう。男子を 0，女子を 1 としたダミー変数を作り，D_i とすると以下の式となります。

$$Y_i = \alpha + \beta_1 X_i + \beta_2 D_i + u_i \qquad (i=1,2\cdots,n) \qquad (11.3)$$

これを推定すると以下の式になります。

$$\begin{array}{l} Y_i = 156.4 + 0.79X_i - 12.0D_i + u_i \qquad (i=1,2\cdots,n) \\ (63.9)\ \ (5.39)\ \ (-24.0) \\ R^2 = 0.985 \qquad \bar{R}^2 = 0.982 \qquad s = 0.868 \end{array} \qquad (11.4)$$

推定結果をみると，基礎となる身長（156.4cm）に対して女子については12cm引いていることがわかります。

次に女子のみの身長に対して，係数ダミーを使うことを考えます。女子の身長は，12歳までと13歳以降では伸び方が大きく変わっています。推定式の係数が大きく変わるということです。そこで，12歳までは0，13歳以降は1というダミー変数を作ります。係数が変わると同時に，基礎となる身長の部分も変わるため，定数項ダミー変数も必要になります。

$$Y_i = \alpha_1 + \alpha_2 D_i + \beta_1 X_i + \beta_2 D_i X_i + u_i \qquad (i=1,2\cdots,n) \qquad (11.5)$$

12歳までは，以下の式を推定しています。

$$Y_i = \alpha + \beta_1 X_i + u_i \qquad (i=1,2\cdots,n) \qquad (11.6)$$

13歳以降は以下の式を推定していることになります。

$$Y_i = (\alpha_1 + \alpha_2) + (\beta_1 + \beta_2) X_i + u_i \qquad (i=1,2\cdots,n) \qquad (11.7)$$

推定結果は以下の通りとなりました。

$$\begin{array}{l} Y_i = 78.4 + 70.1D_i + (6.17 - 5.63D_i)X_i + u_i \qquad (i=1,2\cdots,n) \\ (98.7)\ (43.9)\ \ \ (71.6)(-46.3) \\ R^2 = 0.999 \qquad \bar{R}^2 = 0.999 \qquad s = 0.46 \end{array} \qquad (11.8)$$

推定結果をみると，t値はかなり大きく，決定係数も0.999と良好な結果となりました。12歳までは年間身長が6.17cm伸び，13歳以降は0.54（6.17 − 5.63）cm伸びることがわかります。

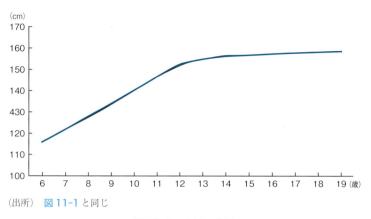

(出所) 図 11-1 と同じ

図 11-3　女子の身長

■ 一時的ダミー

時系列データに使うダミー変数には，上記に加えてさらに2つのタイプがあります。一つはある一時点だけについて使うもので一時的ダミーと呼び，もう一つはある一時点以降を表すもので，水準変化ダミーと呼びます。それぞれについて，定数項ダミー変数，係数ダミー変数が考えられます。

たとえば，東日本大震災の起こった 2011 年 3 月には，被災地が大きな被害を受けたために，生産は停滞し，サプライチェーンも寸断されて，経済活動は停滞しました。こうした影響は経済統計にも反映されています。

そうした東日本大震災が与えた影響のうち，震災当時だけにとどまる影響を表すのが一時的ダミーです。

■ 水準変化ダミー

東日本大震災を境にこれまでとは違った経済構造になったものもあります。地元の生産設備がなくなった場合は，単にその時点で生産ができないだけでなく，震災以降長く影響することになります。原子力発電所の停止に伴う影響も地元経済に与える影響は大きいです。こうした影響は水準変化ダミーで捉えることになります。

そのほか，消費税率上昇前の物価指数と上昇後の物価指数といったように，ある出来事の前後で水準が変わる変数を説明変数として使う場合には水準変化ダミーを使います。

11.2 季節ダミー変数，トレンド変数，ラグ変数

■ 季節ダミー変数

季節ダミー変数は，季節によって定期的に変わるものをダミー変数として捉えようというものです。GDP 統計の民間最終消費支出のグラフをみてみましょう（図 11-4）。四半期ごとのグラフをみるとかなり上下に振れています。よくみると，毎年同じパターンが繰り返されていることがわかります。4–6 月期の消費が最も少なく，10–12 月期の消費が最も多くなっています。4–6 月期は年度初めであまりお金は使わない一方，10–12 月期は冬のボーナスが入り，クリスマスなどイベントがあるほか，寒い地域では燃料費の消費も増えるためだと考えられます。

このデータを使って所得を示すものを国内総生産として簡単な消費関数を作ってみます。まず，季節ダミー変数を使わないままで推定してみます。推定期間は 1994 年 1–3 月から 1997 年 1–3 月です。

下の式は GDP（X_i）と消費（Y_i）の関係を推定したものです。

$$Y_i = 2.67 + 0.55 X_i + u_i \quad (i = 1, 2 \cdots, n) \tag{11.9}$$
$$(1.35)\ (33.8)$$

$$R^2 = 0.926 \quad \bar{R}^2 = 0.925 \quad s = 1.17$$

決定係数は高く，t 値も有意ですが，季節ダミーを加えてさらに推定精度を上げていきます。四半期の場合は季節ダミーが 4 種類考えられますが，すべてのダミー変数を入れることはできません。1 つの季節をベースにして，ほかの季節をダミー変数として処理します。4 つの季節ダミー変数を説明変数とすると，季節を 5 つ推定していることになり，計算できなくなります。ここでは Q1（1–3 月期）をベースにします。

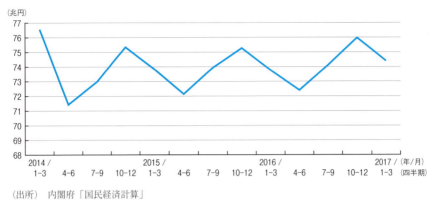

図 11-4 名目消費額の推移

ダミー変数を定数項に適用する場合と係数に適用する場合がありますが、ここでは両方を入れてみました。

$$Y_i = 4.43 - 4.80Q2 - 4.61Q3 - 14.71Q4 + 0.54X_i + 0.05Q2X_i$$
$$(1.43)\ (-0.97)\ (-0.87)\ (-2.44)\ (20.66)\ (1.09)$$
$$+ 0.05Q3X_i + 0.12Q4X_i + u_i \quad (i = 1, 2\cdots, n) \quad (11.10)$$
$$(1.03)\quad\quad (2.38)$$

$$R^2 = 0.942 \quad \bar{R}^2 = 0.937 \quad s = 1.07$$

定数項ダミーは 10–12 月が 1 である Q4 が有意となりました。10–12 月には基礎的な消費が 1–3 月に比べて下がることがわかります。一方、係数ダミーは、10–12 月が 1 となる Q4 が有意となっています。10–12 月期には、消費性向が上がることがわかります。

■ トレンド変数

音楽業界のトレンド、ファッションのトレンドなど、トレンドという言葉は「流行」という意味に使われますが、計量経済学ではトレンドは大きな流れという意味で使われます。

景気循環論では,「トレンドとサイクル」という言葉があります。トレンドは大きな流れ,サイクルは繰り返し起こる事柄,であり2つが組み合わさって経済活動が動いているという考え方です。

　最も簡単なトレンドは直線です。一定の期間に同じ数値だけ増えていくものです。トレンド変数 T_i は,1990年の数値が1で,1991年以降2,3,4…と増えていく変数です。増え方が一定のものに関してはこれを使って予測することもできます。

　なお,図11-5にこれらの変数の動きをまとめています。

■ トレンド変数と季節指数を使った推定

　トレンド変数と季節指数を使って推定してみましょう。リーマンショック後の実質GDP(単位：兆円)の動きを推定します。推定期間は2010年1–3月期から2016年1–3月期までの25サンプルです(表11-2)。

　トレンド変数 T_i は2010年1–3月期は1で以後1四半期ごとに1ずつ増える変数。Q2は4–6月期が1でそれ以外は0,Q3は7–9月期が1でそれ以外は0,Q4は10–12月期が1でそれ以外は0の変数です。

$$Y_i = 127.90 + 0.24T_i - 3.99Q2_i + 1.28Q3_i + 2.20Q4_i + u_i$$
$$(170.69) \quad (6.05) \quad (-5.00) \quad (-1.60) \quad (2.76)$$
$$R^2 = 0.839 \quad \bar{R}^2 = 0.807 \quad s = 1.431$$

　トレンド変数の係数は正なので,実質GDPは徐々に増加しており,1四半期当たり0.24兆円ずつ増えていることがわかります。Q2の係数から4–6月期は1–3月期に比べて3.99兆円減少し,Q4の係数から10–12月期は2.20兆円増加することがわかります。Q3の係数は1.28ですが,有意ではないので,係数はゼロであると考えられます。4–6月期は平均に比べて経済の動きが鈍く,10–12月期は平均に比べて経済活動が活発になるという季節性があることがわかります(図11-6)。

■ ラ グ 変 数

　ラグという言葉は,遅れるという意味です。海外旅行に行ったときに悩ま

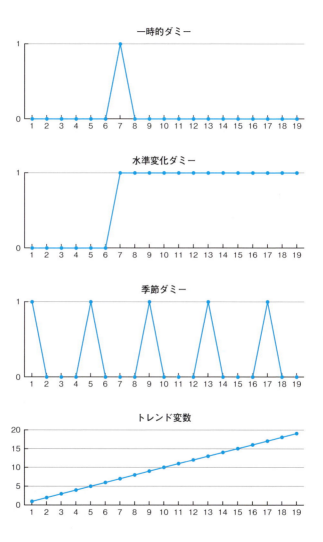

図 11-5 ダミー変数の種類とその動き

表 11-2 実質 GDP の推定

	被説明変数	推定値	トレンド変数	季節変数		
	実質 GDP（兆円）		T_i	$Q2_i$	$Q3_i$	$Q4_i$
2010年1-3月	126.5	128.1	1	0	0	0
2010年4-6月	124.7	124.4	2	1	0	0
2010年7-9月	129.1	127.3	3	0	1	0
2010年10-12月	132.3	131.1	4	0	0	1
2011年1-3月	126.6	129.1	5	0	0	0
2011年4-6月	122.9	125.4	6	1	0	0
2011年7-9月	128.5	128.3	7	0	1	0
2011年10-12月	132.4	132.0	8	0	0	1
2012年1-3月	130.9	130.1	9	0	0	0
2012年4-6月	127.2	126.3	10	1	0	0
2012年7-9月	128.7	129.3	11	0	1	0
2012年10-12月	132.4	133.0	12	0	0	1
2013年1-3月	131.3	131.0	13	0	0	0
2013年4-6月	128.6	127.3	14	1	0	0
2013年7-9月	131.2	130.2	15	0	1	0
2013年10-12月	135.1	134.0	16	0	0	1
2014年1-3月	134.8	132.0	17	0	0	0
2014年4-6月	128.2	128.2	18	1	0	0
2014年7-9月	129.3	131.2	19	0	1	0
2014年10-12月	133.8	134.9	20	0	0	1
2015年1-3月	133.4	133.0	21	0	0	0
2015年4-6月	129.2	129.2	22	1	0	0
2015年7-9月	131.7	132.2	23	0	1	0
2015年10-12月	134.8	135.9	24	0	0	1
2016年1-3月	133.7	133.9	25	0	0	0

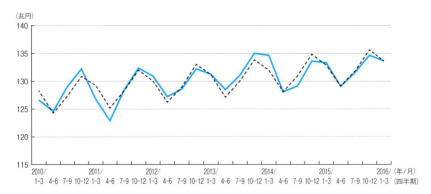

図 11-6 実質 GDP の推定

されるのは時差ぼけですが，英語ではジェットラグ（jet lag）といいます。外部の時間と体内時計の感覚がズレたときに起こる体調不良のことをいいます。

計量経済学の場合，ラグ変数は被説明変数の 1 期前の値で，それを説明変数として加えます。こうすることによって，自分自身の過去の値からどの程度変化して現在の値が出てくるのかを示すことができます。

消費には慣性が働くといわれます。ある時点で所得が少なくなったとしても過去の消費に引きずられてたくさん消費してしまうことを指します。こうした行動を表現するには，ラグ変数を使うことが考えられます。所得とともに，過去の自分自身の消費からも影響を受けるという式になります。

式の形は以下のようになります。

$$Y_i = \alpha + \beta_1 X_i + \beta_2 Y_{i-1} + u_i$$

変数 Y_{i-1} をラグ変数と呼びます。被説明変数のラグが説明変数にあると，被説明変数とかなり近い変数なので，決定係数が飛躍的に上昇します。X_i の係数の意味合いも変わってきます。前期の被説明変数の影響を前提とした X_i の変化ということになり，単純に，X_i が Y_i に与える影響とは違ってくることに注意が必要です。

所得を示すものを GDP として，簡単な消費関数を推定してみましょう。Y_i は実質民間最終消費支出（季節調整値）で，X_i は実質国内総生産（季節調整値）です。推定期間は 1994 年 1–3 月期から 2017 年 1–3 月期です。

$$Y_i = -3.27 + 0.58 X_i + u_i \qquad (i = 1, 2 \cdots, n) \tag{11.11}$$
$$\quad (7.60) \quad (36.8)$$
$$R^2 = 0.937 \quad \bar{R}^2 = 0.936 \quad s = 4.08$$

次に，実質民間最終消費の 1 期前の値を入れたものを推定します。

$$Y_i = 1.75 + 0.14 X_i + 0.75 Y_{i-1} + u_i \qquad (i = 1, 2 \cdots, n) \tag{11.12}$$
$$\quad (0.37) \quad (3.85) \quad (12.30)$$
$$R^2 = 0.976 \quad \bar{R}^2 = 0.975 \quad s = 2.51$$

ラグ変数があると，実質 GDP に関する係数が大きく変わります。ない場合は 0.58 であるのに対し，ラグ変数がある場合は 0.14 です。これは，ラグ変数がある場合は，1 期前の値を前提とした変化を表しているためです。本来の長期的な係数は，Y_i と Y_{i-1} が等しくなるような長期を考えれば計算できます。誤差項を除いて書くと以下のように変形できます。

$$Y_i = 1.75 + 0.14 X_i + 0.75 Y_i \quad (i=1,2\cdots,n) \tag{11.13}$$

$$0.25 Y_i = 1.75 + 0.14 X_i \quad (i=1,2\cdots,n) \tag{11.14}$$

$$Y_i = 7.00 + 0.56 X_i \quad (i=1,2\cdots,n) \tag{11.15}$$

長期的な消費性向は 0.56 であり，最初に推定した係数 0.58 とそれほど変わらない結果となっていることがわかります。

■ **Active Learning**

《重要事項のチェック》・・
- □ 1　ダミー変数は，どのようなデータで構成されていますか。
- □ 2　季節ダミー変数を 4 つ使わないのはなぜですか。
- □ 3　トレンド変数はどのようなデータで構成されていますか。
- □ 4　ラグ変数を使う場合の注意点は何ですか。

《Exercises》・・・

　　1 分間の腹筋（上体起こし）の回数と年齢の関係を推定してみましょう。年齢とともに腹筋の回数が増えるとか，減るとかの関係であれば推定は簡単ですが，若いころは年齢とともに腹筋の回数は増えますが，20 歳前後をピークに腹筋の回数は減っていきます（図 11-7）。

　　使用したのは文部科学省の 2016 年 10 月に発表された 2015 年度の「体力・運動能力調査」です。実際の統計は 20 歳から 24 歳など幅を持った部分もありますが，真ん中の年齢をとって表示しています。ダミー変数を使って推定してみましょう。

表 11-3　年齢別腹筋回数

年齢	回数	ダミー
7.5	15.3	0
12	25.4	0
17	31.1	0
22	29.4	1
27	27.8	1
32	26.2	1
37	24.7	1
42	23.7	1
47	22.9	1
52	21.7	1
57	20.2	1
62	18.4	1
67	14.9	1
72	12.6	1
77	10.8	1

（出所）　文部科学省「体力・運動能力調査」

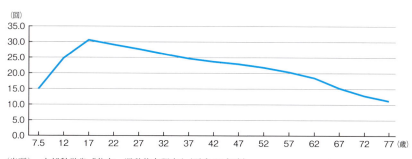

（出所）　文部科学省「体力・運動能力調査」（平成 27 年度）

図 11-7　腹筋の回数

Active Learning

第12講 最小二乗法のバリエーション

■最小二乗法は，いくつかの仮定のもとで最良の推定値になります。しかし，実際の分析では，仮定が満たされない場合もあります。(表12-1)

この講では，最小二乗法がどのような仮定のもとで最良になるのか，また，仮定が満たされない場合はどうすればよいのかを説明します。

主な項目としては，誤差項の分散が不均一な場合（不均一分散），誤差項が相関している場合（誤差の系列相関），内生性の問題などを取り上げます。

12.1 最小二乗法の仮定

■ 優れた推定値であるためには

最小二乗法は，さまざまな推定法の中で優れた特徴を持っていますが，その特徴が活かされるためには，いくつかの仮定があります。

1. 被説明変数は説明変数の線形関数
2. 残差の平均はゼロ
3. 残差に自己相関がなく，分散は均一
4. 説明変数は他の変数に影響されない
5. 説明変数どうしに相関がない

1は，SPEC（定式化）の問題です。最小二乗法では，線形関数であることが前提で説明変数に係数をかけて定数項を加えるという形で被説明変数を計算しています。$Y_i = \alpha + \beta X_i$ といった形です。しかし，実際の両者の関係は2次関数や指数関数など，もっと複雑な関係の場合があります。**第10講**

表12-1 最小二乗法の仮定とそれが満たされない場合

	最小二乗法の仮定	仮定が満たされない場合	名　称	解決法
1	被説明変数は説明変数の線形関数	$Y_i = \alpha + \beta X_i$ といった関係ではない	定式化の誤り	式の形を工夫する（第10講参照）
2	残差の平均はゼロ	$Y_i = \beta X_i$ という形での推定	定数項なしの推定	問題はないが，決定係数は使えない
3	分散は均一	分散の大きさが違う	不均一分散	加重最小二乗法
	残差の自己相関はない	残差が過去の残差の値と相関	誤差の自己相関	コクラン・オーカット法など
4	説明変数はほかの変数に影響されない	説明変数に内生性がある	内生性	操作変数法
5	説明変数どうしが相関していない	説明変数に相関のあるものを採用	多重共線性（マルチコリニアリティー）	説明変数の検討（第10講参照）

でみたように，ある程度は式の形を変えて対処することができます。

2は，最小二乗法には定数項が必要だということを示しています。定数項さえあれば，残差の平均をゼロにすることができます。この仮定が満たされないと，残差の平均をゼロにすることができず，最良の推定値からズレることになります。

3は，残差の性質で，この仮定が守られていないと，t値が過大になることがあります。

4は，説明変数の性質で，説明変数は被説明変数の影響を受けて変わらないことが前提となっています。

5は説明変数どうしの関係で，説明変数どうしには関係がないことが仮定されています。これは多重共線性という問題で，**第10講**で取り上げました。

12.2　不均一分散

■ 変数の大きさに差がある場合

最小二乗法が望ましい推定量になるための仮定の一つが，モデルの誤差項の分散が均一であることです（仮定3）。これが満たされない場合が不均一分

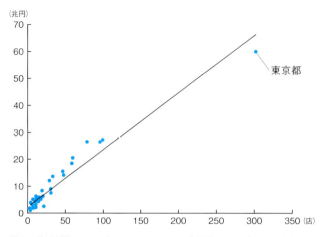

(注) 県民所得は 2013 年，スターバックス店舗数は 2016 年 12 月時点．
(出所) 県民所得は内閣府「県民経済計算」，スターバックス店舗数はスターバックスコーヒージャパンウェブサイト（http://www.starbucks.co.jp/store/search/）

図 12-1　スターバックスの店舗数と県民所得

散です。

　日本におけるスターバックスコーヒーの都道府県別店舗数を調べてみましょう。経済規模の大きい都道府県に多く，小さい県には少ないです。スターバックスの店舗数（2016 年 12 月時点）は，東京都が 302 店，島根県，徳島県，鳥取県はそれぞれ 3 店です（図 12-1）。この 2 つの関係をみるため，スターバックスの店舗数を被説明変数 Y_i，県民所得を説明変数 X_i として以下の式を推定することが考えられます。

$$Y_i = \alpha + \beta X_i + u_i \tag{12.1}$$

47 都道府県について，推定すると以下の結果となります。

$$Y_i = -11.1 + 4.7 X_i + u_i \quad (i=1,2\cdots,n)$$
$$\quad (-5.1)\ (26.9)$$

$$R^2 = 0.941 \quad \bar{R}^2 = 0.940 \quad s = 11.6$$

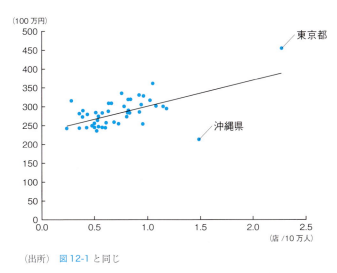

（出所）図 12-1 と同じ

図 12-2　スターバックスの 10 万人当たり店舗数と一人当たり県民所得

　X_i の t 値は 2 以上あり，決定係数も高いので推定結果は問題ないようにみえます。しかし，東京都の誤差は大きく，鳥取県など店舗数が少ない県の誤差は小さいという，誤差の大きさに偏りが出ます。上式の場合，東京都の誤差は 45.4 店に対し，鳥取県 8.0 店，島根県 6.4 店，徳島県 4.1 店です。これは，最小二乗法が最良の推定値になるための仮定，「誤差の分散は均一」という仮定が満たされていないことを示しています。

　推定法を改善するにはどうすればよいのでしょうか。不均一分散が問題となるので，誤差項の分散を均一にする方法を考えます。

　一つの方法は，サンプルによって大きさが違うデータを使わないという方法です。たとえば，10 万人当たりの店舗数にすると，東京都は 2.3 店舗，鳥取県は 0.5 店舗と店舗数そのものの差より小さくなります。このように，人口に対する割合などを基準とすることで，分散の不均一性がなくなる場合があります。図 12-2 では，10 万人当たりの店舗数と一人当たり県民所得の関係を表しています。10 万人当たり店舗数，一人当たり県民所得が両方とも高い東京都，一人当たり県民所得が低いわりに 10 万人店舗数が多い沖縄

県が突出しているという問題がありますが，図12-1に比べれば誤差の分散が小さくなることが期待できます。

■ 加重最小二乗法

上記のように変数を変換することで不均一分散を小さくする方法がありますが，データによっては，人口に対する割合などにできない場合もあります。その場合は，推定方法を工夫します。誤差項の大きさに違いがあるのが問題ですが，大きさが違う理由がわかっていれば対処する方法があります。

たとえば，店舗数の推定では，県内総生産の都道府県別の格差が大きく影響しています。そこで，各都道府県の誤差項の分散が小さくなるようにウエイトをかけます。サンプルごとの分散 σ_i は以下のように並んでいるとします。

$$\sigma_1 \quad \sigma_2 \quad \sigma_3 \quad \sigma_4 \quad \sigma_5 \quad \sigma_6 \quad \cdots$$

それぞれにウエイト w_i をかけていくことで，分散を小さくします。

$$w_1\sigma_1 \quad w_2\sigma_2 \quad w_3\sigma_3 \quad w_4\sigma_4 \quad w_5\sigma_5 \quad w_6\sigma_6 \quad \cdots$$

ウエイトをかけることで分散を小さくするには，誤差項が大きい場合は小さなウエイト，小さい場合は大きなウエイトにする必要があります。たとえば，そのウエイトの候補は県内総生産の逆数です。県内総生産を X_i とすると，以下の式になります。

$$\frac{1}{X_1}\sigma_1 \quad \frac{1}{X_2}\sigma_2 \quad \frac{1}{X_3}\sigma_3 \quad \frac{1}{X_4}\sigma_4 \quad \frac{1}{X_5}\sigma_5 \quad \frac{1}{X_6}\sigma_6 \quad \cdots$$

これを式でみてみると，以下のようになります。通常の推定式は以下のようになります。Y_i がスターバックスの店舗数，X_i が県内総生産です。

$$Y_i = \alpha + \beta X_i + u_i \quad (i = 1, 2 \cdots, n) \tag{12.2}$$

誤差項を県内総生産 X_i で割ることを意味するので，すべての項目を X で割ります。以下の式になります。

$$\frac{Y_i}{X_i} = \frac{\alpha'}{X_i} + \beta' + \frac{u_i}{X_i} \quad (i=1,2\cdots,n) \tag{12.3}$$

　この計算で得られた α', β' を回帰係数とするのが**加重最小二乗法**です。誤差の分散の大きさに応じて，重み（加重）を変えるため，加重最小二乗法と呼ばれます．スターバックスの店舗数の推定結果では以下のようになります．サンプル数は 47 です．

〈加重最小二乗法〉

$Y_i = -1.37 + 2.9X_i + u_i \quad (i=1,2\cdots,n)$
$\quad (-1.4) \quad (10.5)$

$R^2 = 0.708 \quad \bar{R}^2 = 0.702 \quad s = 3.6$

〈最小二乗法（再掲）〉

$Y_i = -11.1 + 4.7X_i + u_i \quad (i=1,2\cdots,n)$
$\quad (-5.1) \quad (26.9)$

$R^2 = 0.941 \quad \bar{R}^2 = 0.940 \quad s = 11.6$

　最小二乗法では，県内総生産にかかる係数が 4.7 ですが，加重最小二乗法では，2.9 になっています．残差の分散が大きいまま推定すると，係数を過大評価してしまうことを表しています．

12.3　誤差の系列相関

■ 誤差がランダムにならない場合

　誤差の動きをグラフでみると，過去の値と相関がある場合があります（**第7講 7.3 節**参照）．最小二乗法の誤差の仮定は，本来過去の値とは関係なく，誤差は，正になったり負になったりしてランダムに動くことを仮定しています（仮定3）．

誤差に相関があるかどうかは，ダービン=ワトソン比（以下 DW 比）をみます。計算式は**第7講7.3節**で説明していますが，なぜ DW 比は 2 に近い方が望ましいのかについて説明します。

誤差項（u_i）と誤差項の 1 期前（u_{i-1}）の相関係数 R に注目しましょう（相関係数については，**第4講4.2節**参照）。最小二乗法は誤差が互いに相関しないことを仮定しているため，R はゼロになるはずです。R の推定値 ρ を使った DW 比の計算式は下記になります。

$$\mathrm{DW} \approx 2(1-\rho)$$

（注）近似的に成立するので = ではなく $\approx$ を使用。ρ は推定値。

誤差に系列相関がない場合は ρ がゼロになるため DW 比は 2 になります。正の相関が大きいと ρ が 1 に近づくため DW 比は 0 に近づき，負の相関が大きいと ρ が 0 に近づくため DW 比は 4 に近づきます。

誤差に相関があれば，t 値を過大に見積もる可能性があります。これを解決するには，説明変数を増やすなどして，誤差に相関がなくなるようにすることが先決です。

追加する説明変数の候補がない場合には，推定方法を変えます。誤差に相関を仮定した上で，最小二乗法の係数を得ようとするものです。

$$Y_i = \alpha + \beta X_i + u_i \quad (i=1,2\cdots,n) \quad\quad (12.4)$$
$$u_i = \rho u_{i-1} + \epsilon_t \quad |\rho|<1$$

（12.4）式の 1 期前の等式の辺々に ρ をかけたものを作成し，（12.4）式から引くと以下の式となります。

$$(Y_i - \rho Y_{i-1}) = \alpha(1-\rho) + \beta(X_i - \rho X_{i-1}) + (u_i - \rho u_{i-1}) \quad (i=1,2\cdots,n)$$

$Y_i' = Y_i - \rho Y_{i-1}$ などに変換すると以下の式となり，この式の誤差項は最小二乗法の仮定を満たしています。

$$Y_i' = \alpha(1-\rho) + \beta X_i' + u_i'$$

この手法はコクラン・オーカット法と呼ばれるもので，推定ソフトには同

様の考え方の推定法がある場合が多いです。

> **コラム　コクラン・オーカット法**
>
> 　誤差項の系列相関は，最小二乗法推定での大きな問題です。ダービン=ワトソン比が2に近くない場合です。そもそも誤差項に系列相関がなければならないので，さまざまな変数を試して系列相関がないように推定するのが本来の姿でしょう。しかし，データには限りがあり，系列相関があるものでしか推定できない場合もあります。
>
> 　データの工夫によって誤差の系列相関がなくならないのなら，誤差に系列相関があることを認めたうえで推定しよう，というのがコクラン・オーカット法の考え方です。
>
> 　コクラン（Donald Cochrone）はオーストラリアの経済学者，オーカット（Guy Orcutt）はアメリカの経済学者で，コクラン・オーカット法は2人が1949年に書いた論文がもとになっています。

12.4　内生性の問題

■ 説明変数が独立でない場合

　経済モデルの世界では，経済変数を**内生変数**，**外生変数**の2つに分けて考えます。想定する経済モデルの外にある変数が外生変数で，中にあるものが内生変数です。

　外生変数はほかの変数に影響を受けずに決まるものです。公共投資の金額とか原油価格などがその例に挙げられます。ほかの経済変数に全く影響を受けない変数はないですが，相対的に外生的なもの，たとえば政治的に決まったり，市場の活動と無関係に決まったりするものを外生変数と考えます。内生変数は，ほかの変数に影響されて決まるものです。消費は所得によって決まり，所得は生産によって決まる，といった形で多くの変数はほかの変数に影響されるため，内生変数だと考えられます。

　説明変数は，ほかの変数に影響されない外生変数であることが仮定されています（仮定4）。しかし，実際には，内生変数の場合がほとんどです。

実質 GDP が実質消費に影響を与えるという消費関数は以下の式となります。C_i が実質消費，Y_i が実質 GDP です。

$$C_i = \alpha + \beta Y_i + u_i$$

　Y_i がほかの変数から独立して決まる場合には，最小二乗法の仮定は満たされますが，実質消費は実質 GDP の大きな部分を占めます。簡単化のために，実質 GDP が実質消費と実質投資（I_i）からできているとすると以下の式が成り立ちます。

$$Y_i = C_i + I_i$$

　実質 GDP は実質消費にも左右されて決まることになります。C_i を Y_i に代入すると，次の式になります。これは，Y_i が独立して決まるのではなく，C_i 推定時の残差項からも影響を受けていることを示しています。

$$Y_i = \frac{\alpha}{1-\beta} + \frac{1}{1-\beta} I_i + \frac{1}{1-\beta} u_i$$

　Y_i はランダムな誤差に影響される変数であることがわかり，ほかの変数の影響から独立とはいえないことがわかります。こうした問題を，「説明変数に内生性がある」といいます。

　説明変数に内生性がある場合は，係数がうまく推定できないので，厳密な推定をする場合は，操作変数法などの手段を講じることになります。

　なお，大学学部レベルではこうした問題に対処するのは難しいため，通常の最小二乗法を使う場合が多いかもしれません。しかし，多くの経済変数には内生性の問題があり，操作変数法などを使わないと正確な係数が得られないということは覚えておいてください。

■ Active Learning

《重要事項のチェック》

以下は最小二乗法が優れた推定値であるための仮定です。それぞれが満たされない場合，どのような問題が生じるか，対処法は何かを説明してください。

- □ 1　被説明変数は説明変数の線形関数
- □ 2　残差の平均はゼロ
- □ 3　残差に自己相関がなく，分散は均一
- □ 4　説明変数は確率変数ではない
- □ 5　説明変数どうしに相関がない

《Exercises》

スターバックスと県民所得の推定について，被説明変数，説明変数の双方を人口比にして推定してみましょう。

本講では，Y_i をスターバックスの店舗数，X_i を県民所得として，$1/X_i$ をウエイトとした加重最小二乗法を使い以下の式を推定しました。

$$Y_i = -1.37 + 2.9 X_i + u_i \quad (i=1,2\cdots,n)$$
$$\quad\quad (-1.4)\ (10.5)$$

$$R^2 = 0.708 \quad \bar{R}^2 = 0.702 \quad s = 3.6$$

他の方法として，図 12-2 で示したような，人口比で推定する方法が考えられます。人口を P_i とすると，以下の式を推定することになります。推定結果はどのように変わるでしょうか。

$$\frac{Y_i}{P_i} = \alpha' + \beta' \frac{X_i}{P_i} + u_i' \tag{12.4}$$

文献紹介

- NHK E テレ「オイコノミア」制作班，又吉直樹（ピース）(2014)『オイコノミア──ぼくらの希望の経済学』朝日新聞出版
- 山澤成康 (2004)『実戦計量経済学入門』日本評論社

第 13 講
仮説検定と予測

■この講では、第 7 講の仮説検定の応用例を示します。最小二乗法は便利な推定法で、被説明変数と説明変数があれば係数の値などの答えを出してくれます。推定した係数が $Y=2+0.5X$ だとします。しかし、この式だけでは X にかかる係数 0.5 がどの程度の信頼性があるのかはわかりません。それを調べるのが t 値などの検定統計量です。

予測は最小二乗法の推定式を使って将来の値を推定するものです。説明変数の値を前提に、最小二乗法で推定した係数を使って、被説明変数の将来の値を予測するのです。

13.1　仮説検定とは

■ 合格か不合格かを決定

検定と聞くと、自動車教習所を連想する人もいるでしょう。卒業検定（卒検）に合格すると運転免許証がとれます。ほかには、英語検定や漢字検定といった試験を連想する人も多いと思います。

統計学で使う検定も考え方は同じです。あらかじめ決められた基準を設定し、それ以上なら合格、それ未満なら不合格と判断します。

自動車教習所の卒業検定では、70 点以上とれば合格です。統計学の検定では、点数ではなく確率（％表示）を判断基準にします。卒検と違って値が小さければ合格です。望ましくない出来事の確率を想定して、その確率が低いことで、「可能性が少なくてよかった」と判断するためです。確率が低くて仮説が認められないことを棄却と呼びます。

表13-1 検定の仕組み

なすびの色の検定	係数がゼロかどうかの検定
「なすびは緑色だ」（帰無仮説） 1%以下を稀な事象と決める （棄却水準の決定）	係数はゼロである。 1%以下を稀な事象と決める。 （棄却水準の決定）
なすびが緑色の確率を調べる （検定統計量の計算）	係数がゼロを前提としたときの t値を調べる。
なすびが緑色の確率は 0.01% （確率の表示）（仮定）	t値が現れる確率は 0.1%以下
確率が1%以下なので仮説を棄却する	係数はゼロでない。

　既に述べたように，計量経済学では「望ましくない出来事」を，帰無仮説と呼びます。たとえば推定結果が $Y = 2 + 0.5X$ のとき，係数 0.5 に意味があるかどうかを検定するとします。この場合の望ましくない出来事は，「係数が 0.5 以外のとき」ですが，仮説としてはかなり厳しいものになります。0.5ぴったりでなくても 0.49 とか 0.51 も許容範囲でしょう。計量経済学でよく使われるのは，「係数は0でない」という仮説です。係数の水準は「0.4 でも 0.6 でもよいが，0 にはならない」という，比較的緩めの基準です。

　表 13-1 では，なすびを使って，検定の仕方について説明しています。帰無仮説が「なすびの色は緑色だ」だとします。なすびの色は紫色が普通なので，望ましくない出来事というか，おかしな仮説です。これを証明するには，実際のなすびの色を調べればよいことになります。t検定でいえば，係数がゼロの場合の検定統計量 t 値を計算することに当たります。帰無仮説に対応した確率が計算されます。なすびの色を調べた場合，緑色の確率はかなり低いでしょう。それを 0.01% だとします。この確率があらかじめ設定した 1%または 5%といった棄却水準より低ければ，現実にはありえないくらい低い

表 13-2　代表的な検定

	帰無仮説	判定する統計量	判定
t 検定	ある説明変数にかかる係数がゼロ	t 値	t 値が 2 以上なら「係数はゼロ」ではない
F 検定	すべての説明変数にかかる係数がゼロ	F 値（F 値自体はサンプルの大きさによって変わるので，同時に出力される p 値をみる）	p 値が 5％以下なら「すべての係数はゼロ」ではない

ものとして，仮説が棄却されます。

　(9.4) 式の場合，F 値は 96.1 で，「すべての係数がゼロ」である確率は 0.00％となりました。式全体として推定に意味があることを表しています。

■ 検定の種類

　これも**第Ⅰ部**で述べた内容になりますが，代表的な検定は t 検定と F 検定です。t 検定は t 値を使い，F 検定は F 値を使って検定します。これらは確率分布の名称で，その分布を使ってある事象が起こる確率を計算します（表 13-2）。

　t 検定は，主に「説明変数がゼロである」という帰無仮定を棄却できるかどうかの検定で使います。

　t 検定は，それぞれの係数に対して検定しますが，F 検定の帰無仮説は「すべての係数はゼロである」です。説明変数が複数ある場合はそれぞれに係数が推定されますが，それらがすべてゼロであるという仮説です。説明変数の係数が 1 つでも有意であればよく，すべての係数が有意でない場合を問題にしています。要するに，説明変数が全体として意味があるかどうかの検定ということになります。

13.2 検定の使い方

■ 係数制約が妥当かどうかの検定

F 検定は,「すべての係数がゼロ」の検定だと述べましたが, 本来はもっとさまざまな検定ができます。以下の式を例に考えてみましょう。

$$Y_i = \alpha + \beta_1 X_{1i} + \beta_2 X_{2i} + u_i \quad (i = 1, 2 \cdots, n) \tag{13.1}$$

F 検定に関する帰無仮説のうち最も一般的なものは「推定した係数に制約がある」というものです。係数制約にはさまざまな形がありますが, $\beta_1 + \beta_2 = 1$ とか, $\beta_1 = \beta_2 = 0.5$ など係数に対して式の形で制約を加えます。ただ, 統計ソフトなどで出力される F 値は, 係数がすべてゼロ, すなわち $\beta_1 = \beta_2 = 0$ というものです。

制約あり, 制約なしの両方の残差の平方和を計算し, その値から F 値を作ります。(13.1) 式の場合, $\beta_1 = \beta_2 = 0$ という制約をかけると, 以下の定数項だけの式を推定することになります。(13.1) 式が制約なしの場合, (13.2) 式が制約ありの場合です。

$$Y_i = \alpha' + u_i' \quad (i = 1, 2 \cdots, n) \tag{13.2}$$

(13.1) 式の残差をそれぞれ二乗して加えたもの (残差平方和) を SSR_1 としましょう。一方, (13.2) 式の残差平方和を SSR_2 とすると, F 値は以下の式で計算できます。ただし, G は制約の数, n はサンプル数, k は定数項を含めた係数の数です。制約を加えても制約を加えなくても残差が変わらなければ, SSR_2 と SSR_1 は同じ程度の大きさになるため F 値は小さくなります。

$$F = \frac{(SSR_2 - SSR_1)/G}{SSR_1/(n-k)} \tag{13.3}$$

t 値の形状を決めるのは自由度 (サンプル数) ですが, 自由度によってそれほど形はかわりません。F 値は, 制約の数とサンプル数の 2 つの自由度で形が決まりますが, 制約の数によって大きく形が変わります (図 13-1)。

このため t 値のように「2 以上だったら OK」といった基準は作れません。

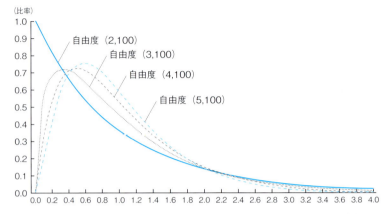

(注) サンプル数から説明変数の数を引いた数が100で、制約数を2から5まで変えた場合の確率密度関数。

図 13-1　F 分布の形状

F 値の場合は制約の数とサンプル数がわかれば F 値が計算できます。F 値から導き出される確率と棄却水準（たとえば1%）とを比べて棄却水準の方が高ければ仮説を棄却します。

■ 天文学と株価

次に、t 検定の応用例を紹介します。太陽の黒点や月の動きと経済の関係は昔から研究されていました。農業が生産の中心だった時代には、天候と経済活動は確かに関係があったでしょう。現代の景気循環でも、天文学との関係を考察する人がいますが、個々の経済指標と天文学との関係は、計量経済学で真偽を判定することができます。

たとえば、「新月の日に日経平均は上昇する」という仮説を立てたとしましょう。因果関係を詳しく説明できないですが、もしかしたらそういう関係があるかもしれません。

そこで、株価と月の満ち欠けのデータを使って検証します。まず株価だけのモデルを作ります。日経平均株価の前期比伸び率に定数項を回帰したものです。Y_i は日経平均株価の終値の対数階差をとったもので、近似的に日経

平均株価の前期比伸び率となります。単純に定数項だけで回帰するということは，1 年間の平均的な株価の伸び率がわかるということになります。

$$Y_i = \alpha + u_i \tag{13.4}$$

2015 年 1 月 1 日から 12 月 31 日までの日次データを使った推定結果が (13.5) 式です。

$$Y_i = 0.000495 + u_i \tag{13.5}$$
$$(0.582)$$

$$R^2 = 0.000 \quad \bar{R}^2 = 0.000 \quad s = 0.013 \quad DW = 2.14$$

定数項は 0.000495 となり，平均 0.05% の上昇を表します。しかし，t 値は 0.582 で 10% 水準でも有意ではありません。これは「定数項がゼロではない」という仮説を棄却できないということで，日経平均株価がほぼ横ばいということを示しています。決定係数はほぼゼロです。

次に，新月の要因を入れたモデルを考えます。X_i は，新月の日は 1，それ以外はゼロが入っているダミー変数です。データは，国立天文台ウェブサイトの「暦計算室」にあり，毎日の月齢がわかります。

$$Y_i = \alpha + \beta X_i + u_i \tag{13.6}$$

この推定では β が有意かどうかに注目します。もし β が有意にプラスであれば，Y_i は平均的な上昇率 α に加え，新月のときは β 分だけ収益率が上がることを示しています。もし β が有意なら，「新月の魔力」を証明できることになります。

それでは推定してみましょう。推定期間は (13.5) 式と同じとし，2015 年 1 月 1 日から 12 月 31 日までの日次データを使います。推定結果は以下の通りです。

$$Y_i = 0.000667 - 0.004608 X_i + u_i \tag{13.7}$$
$$(0.770) \quad (-1.026)$$

$$R^2 = 0.004 \quad \bar{R}^2 = 0.000 \quad s = 0.013 \quad DW = 2.13$$

係数は－0.0004608で，マイナスであるため，新月のときにはむしろ株価が下がる可能性があることを示しています。しかし，t値をみると－1.026で有意ではありません。つまり，「新月のときに有意に株価が上がる」という仮説は棄却されます。

　ただ，これは2015年に限った結果です。1年間のサンプルを使っていますが，新月になった日は12回，そのうち平日で日経平均が取引されていたのは9回ですので，推定期間をもっと広げれば違った結果になる可能性はあります。

　大事なことは，一見検証が難しそうなことでも工夫すれば統計的に検証できるということです。こうした積み重ねが実証研究では重要になります。

13.3　予測の考え方

■ 説明変数の予測値を前提に

　次に予測についての考え方を説明します。経済予測にはさまざまな方法がありますが，ここで説明するのは，最小二乗法を使った予測です。

　最小二乗法で係数を推定すると，それを使って予測ができます。以下の式を想定しましょう。

$$Y_i = \alpha + \beta X_i + u_i \tag{13.8}$$

　αやβの推定は，たとえば1980年度から2015年度までといった期間を定めて推定します。もし，X_iについて，2016年度の値がわかっていたとしたら，(13.8) 式を使って，Y_iが計算できます。誤差項のu_iはわからないので，通常ゼロと置きます。

　最小二乗法による予測は，どんな変数でも予測できるというものではありません。X_iの将来の値がわかっている場合に，それを前提としたY_iの値が予測できるというもので，「条件付きの予測」だということがわかります。

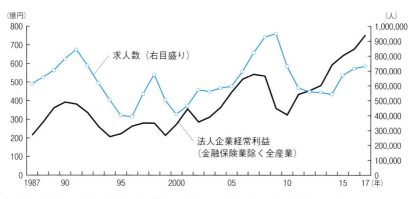

（出典）リクルートワークス研究所「大卒求人倍率調査」，財務省「法人企業統計」

図13-2　新卒求人数と経常利益

■ 求人数の予測

次に新卒大学生に対する求人数を予測してみましょう。大学生にとって，どの企業に就職するかは大問題ですが，景気動向によって状況は大きく変化します。企業が儲かって余裕がある場合はたくさん新卒者を雇おうとしますが，不景気の場合はあまり新卒者を雇いません。企業業績が求人数を左右します。

そこで，リクルートワークス研究所の「大卒求人倍率調査」を使って，求人数を予測してみましょう。この調査は，新卒の大学生に対する企業の求人数を毎年4月に発表しているものです。企業業績には，財務省の「法人企業統計」の経常利益を使います。本来は，金融保険業も含んだ全産業ベースの値が望ましいですが，サンプル数が少ないので金融保険業を除いた全産業ベースのデータを使いました。

図13-2をみると，求人数のデータは前年度の企業業績を反映することがわかります。また，求人数は前年度の実績に引きずられるようです。大きなショックがない限り増加傾向のときは増加が続き，減少傾向のときは減少が続きます。このため，被説明変数のラグ変数も説明変数としました。Y_i が大卒求人倍率，X_i が法人企業（金融保険業を除く）の経常利益です。

13.3　予測の考え方　　165

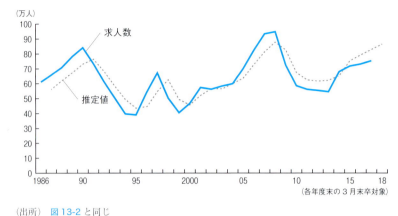

図 13-3　新卒求人数の推定値

$$Y_i = \alpha + \beta X_i + \gamma Y_{i-1} + u_i \tag{13.9}$$

推定期間を 1985 年度（1986 年 3 月卒）から 2017 年度（2018 年 3 月卒）として推定すると以下の式となります。

$$Y_i = 108929 + 0.00344 X_{i-1} + 0.625 Y_{i-1} + u_i \tag{13.10}$$
$$(1.33) \quad\quad (3.17) \quad\quad\quad (5.22)$$

$$R^2 = 0.690 \quad\quad \bar{R}^2 = 0.668 \quad\quad s = 83178 \quad\quad \mathrm{DW} = 0.94$$

　X_{i-1}，Y_{i-1} の t 値は 2 を超えており有意です。F 値は，31.1 でこれに対応する確率が 0.00％なので，「係数がすべてゼロである」という仮説は棄却できます。

　この式を使って予測ができます。2017 年 6 月時点で 2018 年度の求人数を予測してみましょう。説明変数は被説明変数の 1 年前のデータを使っているため，2017 年度（2018 年 3 月卒）の求人倍率は 2017 年 4 月にわかるため，2017 年度の経常利益がわかれば，2018 年度（2019 年 3 月卒）の求人数が予測できます。

　予測時点で経常利益の実績がわからない場合は，シンクタンクなどが発表

図 13-4　新卒求人数の予測

する経済見通しのデータを使うことが考えられます。2017年度の値については，SMBC日興証券が2017年6月に発表した「2017年〜2018年度企業業績見通し」を参考にしました。金融業を除く全産業ベースで，2017年度の経常利益は10.0％増という見通しです。実額の発表はされていないので，2016年度の値を使って計算します。2016年度の経常利益の値は76兆円なので，これを10％増やした84兆円を2017年度の値とします。

2017年度の経常利益がわかれば2018年度の求人数に対応する説明変数の値がわかるので，(13.10)式から計算ができます。その値の計算は以下の通りです。

$$Y_i = 108929 + 0.00344 \times 84000000 + 0.625 \times 755100 \tag{13.11}$$

となり，87.0万人となります。

経済予測は，学術的な面だけではなく実用的な側面もあります。推定式の結果は求人数87.0万人ですが，これをこのまま使うかどうかは判断の分かれるところです。グラフをみると，2017年度の実績値と推定値の差が7.5（＝83.0－75.5）万人あることがわかります。誤差がゼロとした場合が計算結果の87.0万人ですが，実績値と推定値の乖離幅が最近の特殊要因によるも

ので2018年度もそのまま続くという考え方もできます。その場合は，推定値からかい離分7.5万人を差し引いた79.5万人を予測値とする方がより現実的ではないか，という見方ができます。こうした修正を「定数項修正」と呼びます。誤差の分，定数項を修正したと考えるためです。

定数項修正するかどうかは，グラフをみてどちらの値がもっともらしいかによって判断する必要があります。どちらがよいかは，理論的というよりは，感覚的な判断によるところもあります。「理論的には誤差の平均はゼロ」という考え方と「足元では誤差が発生しているので修正が必要」という2つの考え方の折り合いをつける必要があります。

■ ロジスティック曲線による予測

次に，国会議員の女性比率について予測してみましょう。被説明変数は国会議員の女性比率，説明変数は西暦の年（2017など）とします。式は多少複雑ですが，西暦の年がわかれば何年先でも予測することができます。

テレビの普及率などの予測にはロジスティック曲線がよく使われます。ロジスティック曲線とは，ある飽和点に向けて最初は急速に増え，ある程度時間が経過すると緩やかに増えていく形の曲線です。

(13.12) 式がロジスティック曲線の形です。S は変数がそれ以上増えない数字（飽和点）です。普及率だと100%となります。国会議員の女性比率の場合50%（男女同数）と置くのが標準的でしょう。

$$Y_i = \frac{S}{1 + e^{-(\alpha + \beta X_i)}} \tag{13.12}$$

この式は対数をとって，以下のように変形できます。

$$-\log\left(\frac{S - Y_i}{Y_i}\right) = \alpha + \beta X_i \tag{13.13}$$

左辺は少し複雑ですが，表計算ソフトなどで計算すれば，それほど難しい計算ではありません。左辺を Z_i とします。

$$Z_i = -\log\left(\frac{S - Y_i}{Y_i}\right) \tag{13.14}$$

最小二乗法で，以下の式を推定すると α と β を求めることができます。

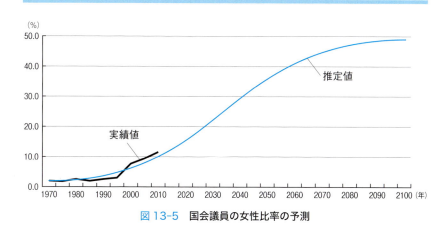

図 13-5　国会議員の女性比率の予測

$$Z_i = \alpha + \beta X_i + u_i \tag{13.15}$$

推定期間を 1970 年から 2010 年までの 5 年ごととして推定すると以下の結果になりました。

$$Z_i = -121.9 + 0.0599 X_i + u_i \tag{13.16}$$
$$(-6.19) \quad (6.06)$$
$$R^2 = 0.840 \quad \bar{R}^2 = 0.817 \quad s = 0.83 \quad DW = 1.25$$

この推定値の係数を使って，Y_i が計算できます。計算結果は図 13-5 のようになりました。日本の国会議員の女性比率は 2100 年頃に 50% 近くに達するというものです。

■ **Active Learning**

《重要事項のチェック》

- □ 1 本講で扱った t 検定の帰無仮説は何ですか。
- □ 2 本講で扱った F 検定の帰無仮説は何ですか。
- □ 3 ロジスティック曲線はどのような予測に使われますか。

《Exercises》

[1] 新月に関して 2015 年について検証しましたが，もっとサンプル数を増やしたらどうなるかを調べてみてください。新月以外にも満月と株価の関係なども検証できるので，さまざまな条件と株価の関係を検証してみてください。

[2] Excel を使うと，F 値に関連した計算ができます。たとえば，サンプル数が 104，説明変数が 4 つのとき，F 値が 3 だった場合の確率を計算してみましょう。制約はそれぞれの係数がゼロなので，制約数は 4 とします。

F.DIST 関数を使って，指定した F 値までの確率がいくつになるかを計算できます。

=F.DIST（F 値，制約の数，サンプル数－説明変数の数，関数形式）

関数形式が TRUE を選びます。通常 F 値は，制約が満たされなかった場合を表示するので，1 から引くことが必要です。

文献紹介

● 山澤成康（2011）『新しい経済予測論』日本評論社

第14講
時系列分析

■時系列分析とは，時間軸に沿って動く経済変数を分析するものです。分析対象は，国内総生産や株価，為替レートなどの経済変数となります。これまでの説明では，ある変数がほかの変数に影響を与えることを経済理論を前提に想定していましたが，時系列分析は，「自分自身の過去の値を説明変数とする」ものです。

異なる変数の因果関係や相関を想定するには経済理論などの背景が必要になりますが，自分自身の過去の値を使うことに経済理論は必要ありません。経済理論にとらわれずに，系列自身の性質を使って推定するのが時系列分析ということができます。代表的なのは自己回帰・移動平均（ARMA）モデルです。

14.1　時系列分析とは

■ 自分自身の過去の値を使う

回帰分析は，ある変数をほかの変数で説明することが狙いです。時系列分析は，説明する変数を自分自身の過去の値にするものです。

時系列分析は，自分自身のデータを使った分析です。ある時点より過去の値は推定するときには判明しているので，それらを使って将来の推定をすることができます（図14-1）。

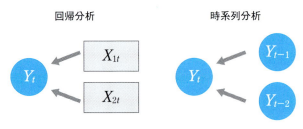

図14-1　時系列分析の図解

■ AR モデル

時系列分析で最も基本的なものは，AR（自己回帰）モデルです。自分自身の過去の値に回帰する（説明変数とする）ことから自己回帰モデル（autoregressive model）と呼ばれます。

最も簡単なものは，自分自身の1期前の値を説明変数とするものです。被説明変数 Y_t に，1期前の値 Y_{t-1} を説明変数として回帰します。α と β は係数，u_t は誤差項です。

$$Y_t = \alpha + \beta Y_{t-1} + u_t$$

1期前の自己回帰項を持っていることから，AR(1) と呼びます。同様に，1期前 Y_{t-1} と2期前 Y_{t-2} の自分自身の値を説明変数にしたものは以下の式となります。

$$Y_t = \alpha + \beta_1 Y_{t-1} + \beta_2 Y_{t-2} + u_t$$

この形は AR(2) と呼びます。以下同様に n 期前までの自己回帰項を持つものは AR(n) と呼びます。

AR モデルでは，AR 項にかかる係数が重要な意味を持ちます。たとえば，AR(1) のとき，β が1より大きいと，数値はどんどん大きくなります。

たとえば，α がゼロで β が2の系列があるとします。誤差は，平均がゼロとなる乱数とします。

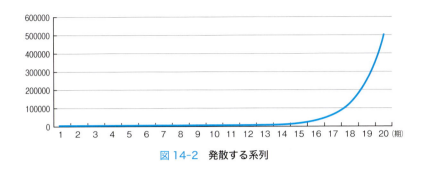

図14-2　発散する系列

$$Y_t = 2Y_{t-1} + u_t$$

Y_tの最初の値が1だとすると，1期ごとに2倍になっていきます。1から2, 2から4と増えていき，20期目には，52万4288プラス誤差になります（図14-2）。

1年ごとに2倍になるような変数はそれほどありません。できたばかりのベンチャー企業は「倍々ゲームで」売上高が増えるかもしれませんが，長くは続かず，売上高の伸び率は落ち着くでしょうから，当てはまりません。

こうした状況を発散するといい，現実にはないタイプの系列です。βがマイナス1より大きい場合も同様です。プラスとマイナスを繰り返しながら数字が発散していきます。

βが1の場合は，以下の式になります。

$$Y_t = Y_{t-1} + u_t$$

これは，**ランダムウォーク**という系列で，系列の予測が非常に難しい変数となります。図14-3はランダムウォークを表した変数ですが，このような経済指標がある可能性もあります。多くの経済変数はランダムウォークだという人もいます。

もし，経済指標がランダムウォークだとすると，予測が非常に難しくなります。1期先の値は，過去の値とは関係なく，現在の水準と誤差によって決

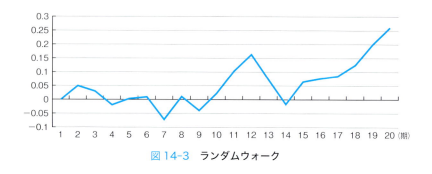

図14-3　ランダムウォーク

まります。このため，酔っ払いの千鳥足（酔歩）のように予測がしにくいのです。ただ，階差をとると，平均や分散が決まった定常系列になることが知られています。

β の絶対値が1より小さい場合が，現実的な系列となります。これが通常のARモデルで対象とする系列です。

$Y_t = 0.5Y_{t-1} + u_t$

ランダムウォークモデルでは，過去の値が反映されないため，初期値からどんどん離れていく可能性がありますが，ARモデルはモデル自身が近づいていく平均値を持っていて，初期値がどこにあっても長期的にはその平均値に向かって数値が安定していきます（図14-4）。上の式の場合は，長期的には Y_t も Y_{t-1} も同じ値になる場合で，ゼロに収束していくことがわかります。

■ MA モデル

ARモデルと並んでよく使われる時系列モデルがMA（移動平均）モデルです。MAは移動平均（Moving Average）の略です。考え方としては，ある系列（Y_t）がもとになる系列（X_t）の移動平均でできていると考えるものです。移動平均とは，ある系列の前後の値（たとえば1期前から1期後まで）を各期それぞれ平均して計算するものです（第3講3.2節参照）。もとの系列より滑らかになります。ある系列の前後について平均する場合を中心移動平均，あ

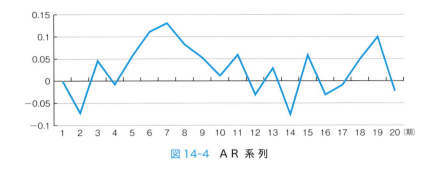

図14-4　AR系列

る値より前の期についてだけ平均する場合は**後方移動平均**と呼びます。X_tの3期移動平均について，中心移動平均，後方移動平均の計算式を書くと以下のようになります。

$$3期中心移動平均：\frac{(X_{t-1}+X_t+X_{t+1})}{3}$$

$$3期後方移動平均：\frac{(X_t+X_{t-1}+X_{t-2})}{3}$$

MA系列は，ある系列Y_tが別の系列X_tの移動平均であると考えます。たとえば，移動平均系列は以下のように表せます。

$$Y_t = \frac{1}{3}\times(X_t+X_{t-1}+X_{t-2}) = \frac{1}{3}\times X_t + \frac{1}{3}\times X_{t-1} + \frac{1}{3}\times X_{t-2}$$

この例ではX_tという系列の当期，1期前，2期前のそれぞれ3分の1ずつを足し合わせた系列がY_t系列になるという考え方です（図14-5）。

このような考え方を拡張すると，さまざまなケースについて系列を作ることができます。αに，X_tには1をかけ，X_{t-1}にはβをかけて足し合わせた場合は以下の式となります。

$$Y_t = \alpha + X_t + \beta X_{t-1}$$

1期前までの数値を使う場合はMA(1)と呼びます。X_tは通常誤差項の仮定を置きます。平均がゼロで，標準偏差が一定の変数です。上の式と同じで

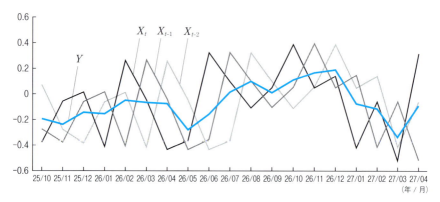

図14-5　MAモデルの考え方

すが，それを u_t として表すと以下の形となります．

$$Y_t = \alpha + u_t + \beta u_{t-1}$$

MAモデルは説明変数が実際のデータではないので，最小二乗法では推定できません．最尤法などのほかの方法で推定することになります．

> **コラム　最尤法**
>
> 最尤法は，最小二乗法と同じく，係数を推定する方法の一つです．最小二乗法は，関数形が線形でないと推定できませんが，最尤法はそうした制限がありません．係数を推定する際，その係数の値が起こる確率が最も高い（最も尤もらしい）値を推定値とする方法です．係数を適当に仮定して，それが起こる確率を求めることを繰り返して最大値を求めます．何度も繰り返し計算する必要があるので，コンピューターの力を借りる必要があります．

■ ARMAモデル

ARMAモデル（autoregressive moving average model）はARモデルとMAモデルを合わせたもので，複雑な変数の動きを追うことができます．

ARMA(1, 1) は以下の式で表されます．カッコ内の前半部分がAR，後半

部分が MA になっています。

$$Y_t = \alpha + \beta Y_{t-1} + u_t + \gamma u_{t-1}$$

ARMA(2, 3) は以下の式です。

$$Y_t = \alpha + \beta_1 Y_{t-1} + \beta_2 Y_{t-2} + u_t + \gamma_1 u_{t-1} + \gamma_2 u_{t-2} + \gamma_3 u_{t-3}$$

■ ARIMA モデル

次に実際の時系列分析でよく用いられる ARIMA モデル (autoregressive integrated moving average model) を説明します。I (integrated) とは階差のことで、階差をとった系列が ARMA モデルに従うようなモデルです。「有馬」という日本語に読めますが、残念ながら日本発祥のモデルではありません。

時系列分析の予測には ARIMA モデルがよく使われます。ARIMA モデルでほぼすべての変数が表現できると考えられています。

経済変数から季節性を取り除くことを「季節調整」と呼びますが、原系列に予測値を加えて移動平均する、**第 3 講 3.2 節**で紹介した、アメリカ商務省センサス局の作成した X-12-ARIMA という季節調整法が一般的です。原系列を予測するために ARIMA モデルを使っているのでこの名称がついています。

■ VAR モデル

最後に AR モデルの発展形として、VAR モデルがあります。VAR (Vector Auto Regression) は、多変量自己回帰モデルと訳されます。複数の変数を使った AR モデルと考えればよいでしょう。変数の数は 3 種類でも 4 種類でもよいですが、2 種類の例で説明します。X_i と Y_i という 2 つの変数を想定して、それぞれのラグを加えたものです。1 期ラグを想定した場合は次のような式となります。

$$X_i = \alpha_{11} + \beta_{11} X_{i-1} + \gamma_{11} Y_{i-1} + u_{1i}$$
$$Y_i = \alpha_{21} + \beta_{21} X_{i-1} + \gamma_{21} Y_{i-1} + u_{2i}$$

この形は、理解しやすく推定しやすいので、予測や推定によく使われます。

また，グレンジャーの因果関係の検定をするために有用です。因果関係とはいろいろな定義がありますが，グレンジャーの因果関係は，「過去の変数の値が現在の変数に影響を与えている」ことで因果関係があると判断します。上式の例では，Y_{i-1} が X_i に対して因果関係があるかどうかを調べる場合は，γ_{11} の係数が有意であるかどうかで判定できます。有意であれば，Y_{i-1} が X_i に対してグレンジャーの因果関係の意味で，因果関係があるといえます。

相関係数は2つの変数が単に同じように動いているかどうかを判定するものです。グレンジャーの因果関係は，ある変数がほかの変数に影響を与えているかどうかを知ることができるという意味で相関係数より一歩踏み込んだ分析といえます。

14.2　AR モデルの応用

■ 円相場の推定と予測

実際の推定を行ってみましょう。MA モデルの推定は難しいので，AR モデルで為替レートについて予測してみましょう。

AR モデルを使う際には，何期ラグをとればよいのかという問題があります。AR(1)，AR(2) などのうちどれがいいのかは，どの程度当てはまりがよいのか，またそれぞれの係数が有意かどうかで判断できます。

対ドル円レートを Y_i として，以下の式を推定します。

$$Y_i = \alpha + \beta_1 Y_{i-1} + \beta_2 Y_{i-2} + \cdots + u_i$$

表は，AR(1) から AR(4) までについて推定したものです。上段は係数，下段は t 値です。データは 1980 年 1 月から 2017 年 4 月までの対ドル円レート（月中平均）を使いました。

自由度修正済決定係数 $\bar{R}^2$ をみると，AR(3) のときが最も大きくなっています。3期ラグの t 値は 1.77 で，2 には達していません。AR(4) になると，決定係数が下がり，4期ラグの t 値は -1.69 と低くなっています。

この結果からは，3期ラグの t 値は低いものの，決定係数の高い AR(3)

表 14-1　AR モデルの推定結果

	Y_{i-1}	Y_{i-2}	Y_{i-3}	Y_{i-4}	$\bar{R}^2$
AR(1)	0.87 (1.50)				0.992611
AR(2)	1.28 (28.39)	−0.29 (−6.52)			0.993198
AR(3)	1.31 (27.52)	−0.40 (−5.25)	0.08 (1.77)		0.993202
AR(4)	1.31 (27.55)	−0.43 (−5.52)	0.19 (2.45)	−0.08 (−1.69)	0.993162

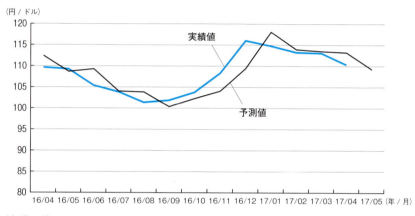

(出所)　対ドル円レートは日本銀行ウェブサイトより

図 14-6　対ドル円レートの予測

を選ぶのが妥当だと考えられます。

通常の式の形式で書くと下記のようになります。

$$Y_i = 1.00 + 1.31 Y_{i-1} - 0.40 Y_{i-2} + 0.08 Y_{i-3} + u_i$$
$$(1.80)\quad(27.52)\quad(-5.25)\quad(1.77)$$
$$R^2 = 0.993 \quad \bar{R}^2 = 0.993 \quad s = 3.92$$

AR モデルは過去の自分自身の値を使って現在の値を計算できることから、この式を使って将来を予測することができます。たとえば、2017 年 4 月ま

でのデータが手元にあれば，2017年5月の値が予測できます。予測に必要な変数は，2017年2月，3月，4月のデータです。それぞれの値を上式の Y_{i-3}，Y_{i-2}，Y_{i-1} に入れて計算すると，2017年5月の予測値は109円14銭であることがわかります。この予測値を使えばさらに先の期の予測もできます。2017年6月の予測はこの5月の予測値と3月，4月のデータから予測できます。

■ Active Learning

《重要事項のチェック》
以下の言葉について説明してください。
- □1　ARモデル
- □2　MAモデル
- □3　ARMAモデル
- □4　ARIMAモデル
- □5　ランダムウォーク
- □6　グレンジャーの因果関係

《Exercises》
　　為替相場は，経済の動きだけでなく，国際政治情勢なども反映するため，プロにとっても予測が難しい指標です。
　　ARモデルを使って，為替レートの予測に挑戦してみましょう。為替レートのデータは日本銀行のサイトからダウンロードできます。
　　日本経済新聞社主催の「学生対抗円・ドルダービー」という企画があります。毎年，6月と7月の円相場をその1カ月前に予想して，その予測精度を競うものです。こうした企画に応募するのもよいと思います。

文献紹介

- 山澤成康（2004）『実戦計量経済学入門』日本評論社
- 山本拓（1988）『経済の時系列分析』創文社

第15講
演 習
: テーマパークの入場者数の推定

■この講ではこれまで説明したさまざまな分析手法を使って，テーマパークの入場者数の推定や予測を行います。

　まず，東京ディズニーランドの入場者数を国内総生産（GDP）で推計し，予測します。次に，夏の気温が入場者数に関係があるかどうか，5周年記念イベントが入場者数の増加をもたらしているのかどうかを検証したり，東京ディズニーシーの入場者数を予測したりします。

　また，四半期別財務諸表から，どの程度の売上高があれば利益がでるのか，その売上高を達成するにはどのくらいの入場者数が必要なのかを推定します。これらの例をみることで，計量経済学の有用性がわかってもらえると思います。

15.1　ディズニーランド入場者を予測

■2001年度以降の値を推定

　本講では，東京ディズニーランドの入場者数の推定を試みます。運営会社のオリエンタルランドは，2000年度まで毎年東京ディズニーランドの入場者数を発表していました。ところが2001年度以降は東京ディズニーランドと東京ディズニーシーの合計の入場者数しか発表していません。つまり，東京ディズニーランドのみの入園者数はわからなくなったのです。

　そこで，2001年度以降のディズニーランド入場者数を「推定」する方法を考えてみましょう。予測は将来に向けてするものですが，過去の値ではあるものの，公表されていない数値を推定することは一種の予測といえます。

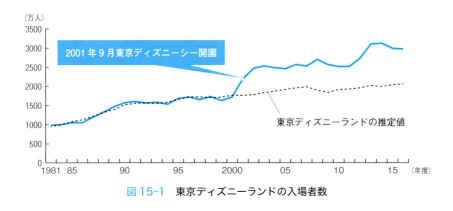

図15-1 東京ディズニーランドの入場者数

■ 回帰分析による推定

東京ディズニーランドの入場者数を推定する場合，東京ディズニーランドの入場者数が被説明変数で，それに影響を与える変数が説明変数となります。説明変数の候補としては，国内総生産（GDP）が考えられます。GDPは，日本の経済活動の総計を表しますが，日本全体の所得を表す変数でもあります。生産＝支出＝所得の3つが国全体としては等しいという，三面等価の原則が成り立つからです。好景気で所得が多くなればテーマパークに行く回数は増え，不景気で所得が少なくなればレジャー支出は抑制されます。ディズニーランドの入場者数（万人）を Y_i，実質GDP（兆円）を X_i として以下の式が想定できます。u_i は誤差項です。

$$Y_i = \alpha + \beta X_i + u_i \tag{15.1}$$

α や β は係数で，最小二乗法で推定できます。

推定期間を1983年度から2000年度として推定すると下記の式になります。

$$Y_i = -586 + 5.10 X_i + u_i \tag{15.2}$$
$$(-6.63)(23.37)$$
$$R^2 = 0.972 \quad \bar{R}^2 = 0.970 \quad s = 47.6 \quad DW = 1.45$$

−586 に，GDP を 5.10 倍した値を加えたものが東京ディズニーランドの入場者数となります。Y_i が適切に推定できているかをチェックするために，さまざまな統計量が考案されています。代表的なものが決定係数です。説明変数が 2 つ以上になった場合やサンプル数が少ない場合は，自由度修正済決定係数（$\bar{R}^2$）が使われています。今回の推定では自由度修正済決定係数は 0.970 と高いです。

定数項はゼロでもゼロでなくてもよいので，定数項の t 値の大きさは気にする必要はありません。実質 GDP にかかる t 値は 23.37 と 2 を大きく超えており，係数がゼロである可能性は非常に低いです。標準誤差（s）は推定誤差の 1 標準偏差分を表すので，推定結果は ±2×s の範囲にほぼ入っていると考えます。s はおよそ 50 万人なので，真の値は推定値の上下 100 万人の中にほぼ入るということを意味します。DW 比は 2 から多少離れているので，誤差に系列相関があることが疑われます。

推定値を $\hat{Y}_i$ とすると，以下の式が推定値を表します。上式から誤差項を除いたものです。

$$\hat{Y}_i = -586 + 5.10 X_i \tag{15.3}$$

2001 年度以降の実質 GDP のデータは入手できますので，2001 年度以降の東京ディズニーランドの入場者数は（15.3）式から推定できます（図 15-1）。推定結果をみると，2016 年度は 2093 万人であることがわかります。過去の動きからみると，妥当な数字ではないでしょうか。

説明変数の候補は，実質 GDP のほかにもあります。入場券を買う行為は，家計にとっては支出に当たるので，国全体の消費全体と連動すると考えることもできます。説明変数の候補としては，実質民間最終消費が挙げられます。そのほか，所得の変数として雇用者報酬や賃金指数などが考えられます。これらの変数の中でどれがふさわしいかは，実際の推定式の当てはまりの程度で決めることができます。

（15.4）式は，X_i を実質民間最終消費としたものです。t 値は高く，この式も推定式として使えそうです。ただ，実質 GDP を説明変数にした場合の（15.2）式と比べると，自由度修正済決定係数は 0.949 と相対的に低く，説明

変数を実質 GDP とする方が当てはまりがよくなります。

$$Y_i = -622 + 9.12X_i + u_i \quad (15.4)$$
$$(-5.29)(17.86)$$

$$R^2 = 0.952 \quad \bar{R}^2 = 0.949 \quad s = 61.6 \quad DW = 0.98$$

■ 夏の気温との関係

　入場者数は所得関連指標と関係がありますが，ほかの要因にも左右されるでしょう。一つは天候要因です。雨が降ったり暑すぎたりすると客足が鈍ることが考えられます。そこで，東京ディズニーランドの入場者数を実質GDP（X_{1i}）と夏の気温のデータ（X_{2i}）で推定してみました。夏の気温のデータは，7～9月の平均気温としました。気象庁のウェブサイトからデータを入手することができます。式は以下の形となり，定数項αのほかに，説明変数にかかる係数β_1，β_2を最小二乗法で計算します。

$$Y_i = \alpha + \beta_1 X_{1i} + \beta_2 X_{2i} + u_i \quad (15.5)$$

　最小二乗法を用いれば係数は計算できます。ただX_{1i}や，X_{2i}でうまくY_iを説明できる場合もあれば，そうでない場合もあります。式全体の当てはまり具合をみるには決定係数を使いますが，X_{1i}や，X_{2i}が推定に役立っているかどうかを調べるには，β_1，β_2といった各係数のt値を調べます。t値は，「係数がゼロ」という帰無仮説をもとに計算され，t値が概ね絶対値で2より大きければ，仮説は棄却され，「係数がゼロ」でないことがわかります。絶対値で2以下なら，係数がゼロ（つまりその変数がY_iに影響を与えない）である可能性が否定できないことを表します。

$$Y_i = -178 + 5.24X_{1i} - 18.6X_{2i} + u_i \quad (15.6)$$
$$(-0.66)(23.09)(-1.59)$$

$$R^2 = 0.976 \quad \bar{R}^2 = 0.972 \quad s = 45.5 \quad DW = 1.40$$

　重要なのは，X_{1i}（実質GDP）やX_{2i}（夏の気温）にかかる係数のt値です。X_{1i}（実質GDP）のt値は23.09と2よりかなり大きく，係数がゼロである可

能性は少ないです。一方，X_{2i}（夏の気温）の t 値は -1.59 で絶対値で 2 より小さくなっています。

　X_{2i} の符号はマイナスなので，「夏の気温が上がると入場者数が減る」という可能性を示しています。しかし，t 値が 1.59 ということは，推定結果は統計的に有意ではなく，夏の気温が入場者数に影響を与えるほどではないことを示しています。

　夏の気温は関係ないかもしれないけれど，冬の気温が関係あるかもしれません。分析しているといろいろな可能性に気づきます。気象関係のデータは，夏の気温のほか春，秋，冬の気温のデータや，それぞれの季節の降水量というデータもあります。これらが入場者数に影響を与えるかどうかは非常に興味深いことです。それを統計的に検証するのは簡単で，影響がありそうだと思う説明変数を使って重回帰分析をして，t 値が有意になるかどうかをチェックしてみましょう。

■ ダミー変数

　実証分析を行うにはデータをよくみることが重要です。ディズニーランドの入場者数についてもそれが当てはまります。実績値と推定値のグラフを比べると 1989 年度以降，実績値が推定値より大きくなっていることがわかります。原因を考えると，1988 年 12 月に京葉線舞浜駅が開通したことだと思い当たります。舞浜駅ができる前は，東京ディズニーランドの最寄り駅は東西線浦安駅で，ディズニーランドに行くにはバスに乗る必要がありました。舞浜駅は，東京駅から乗り換えなしで行けるうえ，駅から徒歩でディズニーランドに行けるので各段に便利になりました。舞浜駅開業により，GDP の動きから推定した入場者数より実際の入場者が増えたことがわかります。

　また，開園 5 周年に当たる 1988 年や 10 周年に当たる 1993 年などで入園者が増えることが考えられます。区切りの良い年には，記念のイベントが数多く行われるため，入場者数が増える傾向にあります。

　舞浜駅開業にしても開園 5 周年，10 周年効果にしても感覚ではわかるものですが，それを統計的に実証できるのが，計量経済学の強みです。ダミー変数を使えばこれらを検証することができます。基本的にはゼロで，対象と

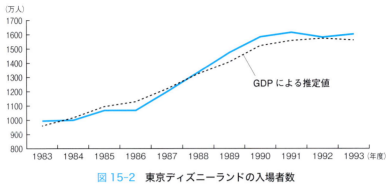

図 15-2　東京ディズニーランドの入場者数

なる事件が起こったとき，あるいは起こったとき以降を1とする変数（ダミー変数）を説明変数として使います。

舞浜駅開業ダミー（DM_i）は，1987年度まではゼロ，1988年度は0.333（＝4カ月/12カ月：88年12月開業なので），1989年度以降は1という変数が適当です。この変数は，舞浜駅が開業したことによる入場者数増を反映します。

また，5周年イベントダミー（$D5_i$）は，開園時の1983年を含めて，5年ごとに1，そのほかの年はゼロという変数が妥当でしょう。2つのダミー変数を入れた式の形は以下のようになります。

$$Y_i = \alpha + \beta_1 X_i + \beta_2 DM_i + \beta_3 D5_i + u_i \tag{15.7}$$

この式をもとに，推定してみましょう。推定結果は以下の通りです。

$$Y_i = -151.7 + 3.69 X_i + 178.6 DM_i + 36.3 D5_i + u_i \tag{15.8}$$
$$(-1.16)\ (9.41)\ \ \ \ (4.01)\ \ \ \ \ (1.95)$$

$$R^2 = 0.989 \quad \bar{R}^2 = 0.986 \quad s = 32.4 \quad DW = 2.21$$

推定結果をみると舞浜駅開業ダミーの係数β_2のt値は4.01，5周年イベントダミーの係数β_3のt値は1.95となりました。この結果をみると，舞浜駅ができた効果は統計的に有意ですが，5周年ごとのイベント効果は有意ではないことがわかります。この推定式によれば，舞浜駅開業で，毎年179万人

入場者が増えたことがわかります。

■ 東京ディズニーシーの入園者数を推定する

これまでの推定は，東京ディズニーシーが開園した 2001 年 9 月以前のデータを使って分析したものです。東京ディズニーランド，東京ディズニーシーのデータは 2016 年度まであるので，ここまでのデータを使って分析をすることもできます。

2000 年度以前をゼロ，2001 年度を 0.583（＝7 カ月/12 カ月），2002 年度以降を 1 とするダミー変数（DS_i）を作り，定数項ダミー変数と係数ダミー変数として使います。

$$Y_i = \alpha_1 + \alpha_2 DS_i + \beta_1 X_i + \beta_2 DS_i{}^* X_i + u_i \tag{15.9}$$

この式が推定できたら，東京ディズニーランドの入園者数は以下の式で表せます。DS_i は東京ディズニーシーができた効果を捉えていると考えられるので，DS_i がある項を除いたものになります。

$$Y_i = \alpha_1 + \beta_1 X_i + u_i \tag{15.10}$$

一方，東京ディズニーシーは，推定値のうち東京ディズニーランド以外となりますから以下の式になります。

$$Y_i = \alpha_2 DS_i + \beta_2 DS_i{}^* X_i \tag{15.11}$$

推定期間を 1983 年度から 2016 年度として推定してみました。Y_i は東京ディズニーランドと東京ディズニーシーの入園者数合計，X_i は実質 GDP，DS_i は東京ディズニーシーダミーです。

$$\begin{gather}Y_i = -605.4 - 2041.7 DS_i + 5.16 X_i + 5.64 DS_i{}^* X_i + u_i \\ (-2.81)\quad(-2.22)\quad(9.71)\quad(3.01) \\ R^2 = 0.972 \quad \bar{R}^2 = 0.970 \quad s = 116.37 \quad DW = 1.07\end{gather} \tag{15.12}$$

東京ディズニーランド，東京ディズニーシーはそれぞれ以下の式になります。

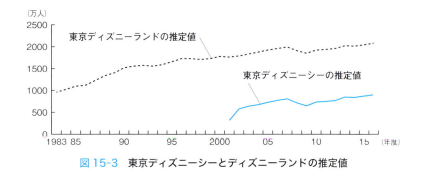

図 15-3 東京ディズニーシーとディズニーランドの推定値

東京ディズニーランド：$Y_i = -605.4 + 5.16 X_i + u_i$ (15.13)

東京ディズニーシー：　$Y_i = -2041.7 + 5.64 X_i + u_i$ (15.14)

　この推定では，2016年度の東京ディズニーランドの推定値は2000万人を超えているのに対し，東京ディズニーシーの推定値は1000万弱となっています。このデータが正しいかどうかは，オリエンタルランド以外にはわかりませんが，計量経済学を使えば，さまざまなデータを推定したり予測したりできることがわかってもらえるでしょう。

15.2　黒字になるための最低限の入場者数は？

■ 売上高と営業利益の関係

　ディズニーランドの売上高と利益の関係を考えてみましょう。企業の売上高は入場者数に比例して増え，費用は入園者数が増えるとともに急速に増えていくというのが通常の仮定です。

　入場者が少ない場合は，固定費があるため収入より費用が大きく，利益がマイナス，つまり赤字になります。売上高が増えていくと費用を超える点（損益分岐点）があり，そこから利益が増えていくことになります。さらに売上高が増えると費用が大きく上昇して利益が減少する局面を迎えます。

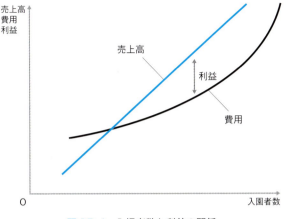

図 15-4　入場者数と利益の関係

　東京ディズニーランドのデータを使ってそれを検証しましょう。オリエンタルランドは四半期ごとに売上高や営業利益などの財務情報を発表しているので，そのデータを使います。売上高が増えると，営業利益が増えている様子がわかります。

　この関係を数量的に把握するため，次のような式を推定します。Y_i は売上高，X_i が営業利益です。

$$Y_i = \alpha + \beta X_i + u_i \tag{15.15}$$

推定期間を 2002 年 4–6 月期から 2017 年 1–3 月期として推定すると以下の式となります。

$$Y_i = 740.1 + 1.44 X_i + u_i$$
$$(48.1)\quad (19.1)$$
$$R^2 = 0.872 \quad \bar{R}^2 = 0.870 \quad s = 71.6 \quad \mathrm{DW} = 1.52 \tag{15.16}$$

　この式で，営業利益がゼロとなる売上高もわかります。図の中で，1 次方程式の直線の切片に当たるところが，損益分岐点売上高で，740 億円となります。オリエンタルランドは四半期の売上高が 740 億円より大きければ利益

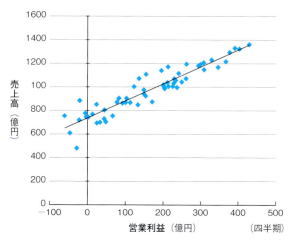

（データ出所）　オリエンタルランド有価証券報告書

図 15-5　オリエンタルランドの四半期別売上高，経常利益

が出て，740億円未満のときは損失ができることがわかります。

■ 売上高と入場者数の関係

では，四半期で740億円という売上高は，入場者数が何人なら達成できるのでしょうか。ディズニーランドの入場者数とオリエンタルランドの売上高には正の相関があると考えられます。売上高には入場料だけでなく，おみやげやレストランの売上高も含まれますが，こうした売上も入場者数と比例すると考えられます。そこでY_iを売上高，X_iを入場者数として以下の式を推定します。

$$Y_i = \alpha + \beta X_i + u_i \tag{15.17}$$

入場者数は年度データしかないので，年度の値を使います。東京ディズニーシーのデータも合算された2002年度以降のデータを使うことにしました。推定期間は2002年度から2016年度です。

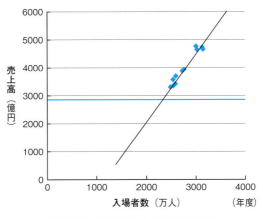

図 15-6　売上高と入場者数の関係

$$Y_i = -2314 + 2.28X_i + u_i$$
$$(-6.30)\ (16.83)$$
(15.18)

$R^2 = 0.956$　　$\bar{R}^2 = 0.952$　　$s = 124.0$　　$DW = 0.990$

　入場者数と売上高が相関していることがわかります。この式を使うと，損益分岐点売上高から逆算して，それに対応する入場者数が求められます。

　前節で求めたように，四半期ベースでの損益分岐点売上高は 740 億円で，年度値にすると 4 倍の 2960 億円です。これに対応する入場者数は，この値を Y_i に代入して，X_i を求めればよく，$(2960+2314)/2.28 ≒ 2313$ となります。すなわち，オリエンタルランドは 2313 万人より多く入場者数が来れば利益が出るということです。2016 年度の入場者数は 3000 万人程度なので，よほど入場者数が減らない限り，利益が確保できることがわかります。

■ **Active Learning**

《Exercises》・・

　東京ディズニーランドの入園者数の推定を実質 GDP と実質民間最終消費を説明変数として行いましたが，ほかの変数を説明変数の候補として考えてみましょう。

　東京ディズニーランドの入園者数に関係するのは，所得の変数なので，内閣府の発表する国民経済計算のデータのうち雇用者報酬を使うことが考えられます。また，厚生労働省の毎月勤労統計の現金給与総額を使うこともできます。

　練習問題として，国民経済計算の雇用者報酬を使います。最新の統計では，1994 年度までしか発表されてないので，2000 年基準時に発表されていた 1993 年度以前のデータの伸び率を使って，データを遡及します。

　Y_i を東京ディズニーランドの入場者数，X_i を雇用者報酬として推定します。実質値にするために消費者物価指数（P_i）で割ったものを説明変数とします。

$$Y_i = \alpha + \beta \frac{X_i}{P_i \times 100} + u_i \tag{15.19}$$

■ 文 献 紹 介

● 山澤成康（2018）『ディズニーで学ぶ経済学』学文社

付録1　データの入手法

■ e-Stat（政府統計の総合窓口）

「e-Stat」は，政府統計の総合情報サイトです。Excel や PDF で取り出せる表もありますが，計量経済分析で主に使うのは時系列データです。データベース機能があり，欲しい系列を時系列データとして取り出せます。ユーザー登録すると，過去に使ったレイアウトを保存できるので便利です。

■ 統計ダッシュボード

「統計ダッシュボード」は，ビジュアルを重視した政府統計の総合サイトです。e-Stat に収録されている系列から代表的なもの 5000 系列を選んでいます。政府統計にはどのような統計があるのか，その数値が現在どうなっているのかを知るには便利です。データを Excel の表形式でダウンロードすることもできます。

■ GDP 統計

内閣府の経済社会総合研究所には国民経済計算（GDP 統計）のウェブサイトがあります。「四半期別 GDP 速報」の「統計表一覧」には，最新データを反映した GDP 系列が，推計開始時点から時系列で入手できます。項目としては，実質，名目，デフレーター，期種としては，四半期（原系列，季節調整系列），年度，暦年などさまざまな系列があり，有用です。

■ 日 本 銀 行

日本銀行のウェブサイトには，金融政策を行う上で重要な統計が豊富にあります。コールレートなど金利のデータやマネーストック統計などです。為替レートのデータもこのサイトからダウンロードできます。

■ マクロ経済統計リンク集

内閣府ウェブサイトの「経済財政政策」には，マクロ経済統計に関するリンク集「マクロ経済統計リンク集」があります。個人消費や設備投資といった分野別に統計サイトにリンクしています。

■ 気象統計

気象庁のウェブサイト内の「各種データ・資料」に気象に関するさまざまなデータがあります。観測地点ごとの降水量や気温のデータのほか，全国平均値もあります。

「過去の気象データ検索」の「都府県・地方の選択」から「東京」を選び，「地点の選択」で「東京」をクリックして「観測開始からの月ごとの値を表示」を選べば，降水量，気温，日照量，平均風速などのデータを表形式で入手できます。

■ アメリカのGDP

アメリカのGDPは，商務省経済分析局（BEA）が発表しています。金融市場に大きな影響を与える雇用統計は，労働省労働統計（BLS）が発表しています。

■ 世界銀行

世界銀行（World Bank）は，世界各国のデータを集めて，データベースとして公開しています。World Development Indicators（WDI）は，世界各国・地域のGDPや人口，インフレ率，インターネット普及率などのデータを年次で入手できます。

国，系列，期間をそれぞれ指定すると，Excelの表形式でダウンロードすることができ，登録すると自分の作った表が保存されて，後で使うことができます。

付録2　Excel によるグラフの描き方

　この付録では，Excel でグラフを作成する際の注意事項を説明します。Excel の使い方自体はさまざまな解説書が出ていますが，論文で使うグラフをきれいに描く方法について書かれたものはあまりありません。ここでは経済学のレポートに役立つという観点から必要な知識を説明します。

■ 表からグラフを作るとき左上のセルはブランクにする

　忘れがちなポイントですが，表からグラフを作るときは，グラフを作ろうとする範囲の左上のセルに何も入力しないことが重要です。このブランクがあることで，縦は日付，横は項目だと Excel が判別するためです。

↓ここをブランクにする

	りんご生産量（トン）	みかん生産量（トン）
2000	123	456
2001	125	478
2002	130	490
2003	135	501
⋮		

■ グラフの作成で必ず表記すること

① 単　位
② 出　所
③ タイトル
④ データの種類（日次，月次など）

　レポートにグラフを載せる場合は上記の内容は必ずグラフに入れることが必要です。これらがないと，正確なグラフの内容が読者に伝わりません。グラフを作る際はこれらを加えることを習慣づけるようにしてください。

■ グラフの中に文字を挿入する

　グラフに単位を挿入したり出所を書いたりするには，メニューバーのタブから［挿入］→［テキストボックス］→［横書きテキストボックス描画］でテキストボックスを挿入します。その際，グラフをクリックして，グラフが編集可能な状態にしてから挿入することを忘れないでください。そうしないと，グラフではなくシートの上にテキストボックスを貼り付けることになり，グラフを動かしてもテキストが連動して動きません。

■ 横軸の目盛りラベルを縦軸のゼロの位置から下にする

　Excelでグラフを描くと，横軸の目盛りラベル（日付など）が縦軸のゼロの位置に置かれます。補助目盛線などと重なってみにくい場合が多いので，目盛りラベルは下端に置くようにします。

　それには，グラフの縦軸をクリックし，［軸の書式設定］の［軸のオプション］にある［ラベル］→［ラベルの位置］→［下端／左端］と操作します。

■ グラフをきれいにみせる工夫

　Excelはカラーで表示されますが，卒論などは白黒でコピーする場合も多いので，白黒でコピーされてもわかるグラフを作るのが望ましいです。

　複数の系列を1つのグラフに描く場合は，パターン（実線か点線かなど），マーカー（データのある所を丸や四角で表す），太さなどを変えます。

1. 線のスタイル

　線のスタイルは線の種類や太さなどを表します。線を右クリック→［データ系列の書式設定］→［線］で変更できます。

2. マーカー

　マーカーは，線の中のデータのある所に丸や四角のマークを付けるものです。線を右クリック→［データ系列の書式設定］→［マーカー］で変更できます。

　1カ所だけマーカーを付けたいときは，線を1回左クリックすると，直線全体が対象になりますが，もう一度左クリックすると，1つの場所だけが対象となります。その状態で，右クリックして，［データ系列の書式設定］を選びます。

　また，背景の色を変えるには，背景を右クリック→［グラフエリアの書式設定］→［塗りつぶし］で設定します。

折れ線グラフを棒グラフに変えるには，折れ線を右クリック→［系列グラフの種類の変更］で種類を変えます。

■ 横軸について

時系列データの場合，横軸は日付が入ります。月次の場合，「2000年4月」と表示すると冗長なので，「2004/04」または「04/04」とします。書式を変えるには，横軸を選択→［軸の書式設定］→［表示形式］→［カテゴリ］から［ユーザー設定］を選択します。［表示形式コード］に「yyyy/mm」と「yy/mm」を追加し，［種類］を「yyyy/mm」にすると「2004/04」，「yy/mm」にすると「04/04」となります。

目盛ラベルが斜めになる場合は，横軸を選択→［軸の書式設定］→［配置］を選択して，日付の表示を垂直にします。

■ 縦軸について

時系列データの場合，縦軸は数値の目盛になります。目盛の最小値，最大値を変えるとグラフの印象が変わります。縦軸を選択→［軸の書式設定］→［軸のオプション］を選択すると最大値，最小値，目盛間隔などを変更できます。

縦軸を選択→［軸の書式設定］→［表示形式］で小数点以下桁数などを修正します。

■ 複数の直線で表現する

縦軸のスケールは，左と右で2種類作れます。それ以上は無理です。違うスケールの系列がある場合，変えたい系列を右クリック→［データ系列の書式設定］→［使用する軸］として，［第2軸］を選びます。系列によって，スケールが違う場合は，系列ごとにどちらの目盛を使っているのかを示す必要があります。

■ 散布図の描き方

通常の時系列グラフではなく，2つの系列の相関をみる場合は，散布図を用います。散布図はx軸とy軸それぞれをデータにとってグラフにするものです。2つのデータを選択した状態で，［挿入］→［グラフ］で［散布図］を選びます。

付録3　よく使う Excel のデータ処理

　この付録では，インターネットからダウンロードしてきた統計をきれいな表にしたり，グラフにしたりするための処理の仕方を紹介します。単純作業はできるだけ避け，どうすれば楽ができるかを考えることが大事です。その方がミスも少なくなります。

■関数など

処理	関数	入力例	説明
四則演算	足し算＋，引き算―，掛け算＊，割り算／	＝[対象セル] /100（割り算の場合）	対象セルが1000の場合，答えは10となる。
四捨五入	ROUND（[対象セル]，小数点以下桁数）	=ROUND（[対象セル], 0）	対象セルが134.574の場合，小数点以下0桁にするように四捨五入して，135になる。
平均	AVERAGE（対象範囲）	=AVERAGE（[対象セル]）	対象セル内に含まれる数値の平均を算出する。
標準偏差	STDEV（対象範囲）	=STDEV（[対象セル]）	対象セル内に含まれる数値の標準偏差を算出する。
自然対数	LN（数字）	=ln(50)	$\log_e 50$。常用対数は LOG（数字）。
指数	EXP（数字）	=exp(10)	e^{10}。
場合分け[IF関数]	IF（条件，正しい場合，違う場合）	=IF（[対象セル] > 0.1, "**", "*"）	対象セルが0.1より大きい場合は**を，0.1以下のときは*を表示する。
文字列を右端から切り取る	RIGHT（対象範囲，切り取る文字数）	=RIGHT（[対象セル], 3）	対象セルに「計量経済学」が入っている場合，「経済学」となる。
もとになる表から，対象セルの文字を探し，それに対応する数値を表示する	VLOOKUP（検索値，検索値を含む範囲，戻り値を含む範囲内の列番号，TRUE/FALSE）近似一致にはTRUEまたは完全一致にはFALSEを必要に応じて指定	=VLOOKUP（[対象セル], 表の範囲, 2, TRUE）	表の中から対象セルと同じ文字を探し出し，表の2列目の値を表示する。

　なお，表中に[対象セル]と書かれているものについては，たとえば1つのセルを指定する場合ですと，「C6」のように入力します。これはC列・6行目のセルの値を参照することを意味します。

　また，1つの列の複数の行を対象とする場合には「C6：C15」のように入力します。これでC列の6行目から15行目のセルの値が対象となります。さらに複数

の列の複数の行を対象として指定するには「＄C＄6：＄E＄15」のように入力します。これでC列・6行目からE列・15行目までの範囲を指定できます。

■ 複数のセルの内容を1つにする。

年を表す「2017」という数字が入っているセルと月を表す「3」という数字が入っているセルを1つにして，「2017/3」とする場合は，[=セル名&"/"&セル名] とします。複数のセルの内容をつなぐ場合は，基本的には&でセル名をつなぎますが，文字列を途中に入れたいときは，" "で囲みます。

■ フィルター

[データ] タブにある [フィルター] という機能も便利です。セルの文字列などについてある条件をつけて，条件に沿った行だけを表示することができます。空白の行が入っていて間延びした表の場合は，空白セルのある行を検索して行単位で削除すると，空白行がなくなります。

■ 並べ替え

[データ] タブにある [並べ替え] 機能もよく使います。ダウンロードした表が日付の新しい順に並んでいる場合は，日付のある列に関して並び替えます。並び替えで [昇順] を選べば，日付の古い順に並べることができます。

昇順　1, 2, 3, 4, 5

降順　5, 4, 3, 2, 1

■ 列の順番を入れ替える

列の順番を入れ替える方法です。並べ替える順序が明らかなら，[並び替え] の機能を使うことができますが，1列か2列を動かすだけの場合は，次の方法が簡単です。以下のように2列目を3列目にしたい場合です。

1 3 2 4 　　 1 2 3 4

1 3 2 4 　→　 1 2 3 4

1 3 2 4 　　 1 2 3 4

よく使うExcelのデータ処理

(1) 入れ替えたい列を指定します。右クリックして［切り取り］。

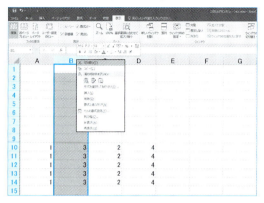

(2) 挿入したい列の右側の列をクリックします。

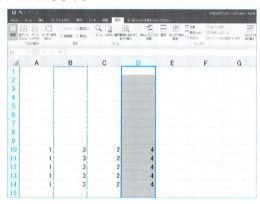

(3) 右クリックして［切り取ったセルの挿入］。

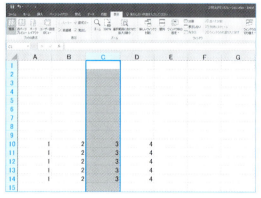

こうすると，列の順番が変わります。

■ 行と列を入れ替える

統計を扱っていると，行と列を入れ替える作業も頻繁に出てきます。

$$
\begin{matrix} 1 & 2 & 3 & 4 \\ 1 & 2 & 3 & 4 \\ 1 & 2 & 3 & 4 \end{matrix} \quad \rightarrow \quad \begin{matrix} 1 & 1 & 1 \\ 2 & 2 & 2 \\ 3 & 3 & 3 \\ 4 & 4 & 4 \end{matrix}
$$

(1) 入れ替えたい部分全体を指定します。右クリックしてコピー。

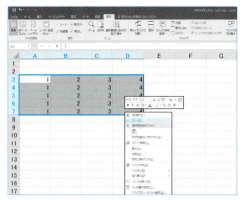

(2) 入れ替えた行列を表示する場所にカーソルを移します。

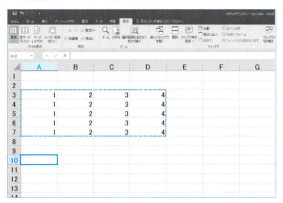

(3) 右クリックして［形式を選択して貼り付け］。

よく使う Excel のデータ処理

(4) 右下の［行列を入れ替える］をチェック→［OK］をクリック。

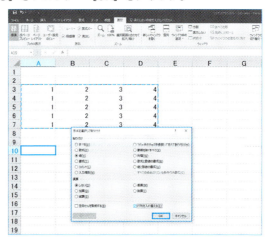

(5) 行と列が入れ替わります。

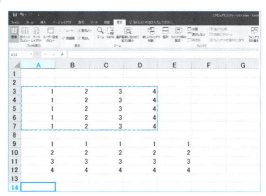

■ オートフィル機能

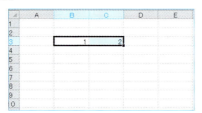

　オートフィル機能とは，Excel が数値を自動的に入力してくれる機能です。1，2 と並んでいる場合，右下のフィルハンドル（黒い四角）を右に伸ばせば，3，4，5 といった数値を右側のセルに順に入力してくれます。

これが便利なのは数式についても同じように伸ばしてくれることです。

政府統計の多くの表は，そのまま出力して使うには良いですが，計量分析には使いにくい形になっていることがあります。たとえば，総務省の年齢別人口は以下のようなフォーマットになっています。e-Stat（政府統計の総合窓口）のホームページ＞統計データを探す＞分野から探す＞人口推計＞長期時系列データ（平成12年～27年）のページの第4表です。

毎年の「20歳女子」の人数がどのように推移するのかをみるのはこの表では難しい状態です。女子の人口が時系列に並んでいないためです。

こうしたデータから，必要なデータを取り出すには工夫がいります。データセットの作り方はさまざまな方法がありますが，一例を示します。

時系列データは縦に並んでいる方が処理しやすいです。このため，20歳の行だけを取り出した上で，行列を入れ替えます。

まず，表頭部分と「20歳」の行以外の不要な部分を削除します。残った部分を選択して切り取り，貼り付ける際に［貼り付けのオプション］で［形式を選択して貼り付け］→［行列を入れ替える］とします。

20歳の人口は取り出せましたが，男女計，男，女の順に並んでいます。この中から，女子のデータだけを取り出す方法を考えます。

20歳人口の左隣の列に，男女計，男にはゼロ，女子には西暦を表示する列を作ることを試みます。まず，2000年の女子のところには「2000」を入力し，それ以外はゼロを入力します。2001年では，男女計，男，女それぞれが2000年のデータ

よく使うExcelのデータ処理　203

（F4, F5, F6のセル）を参照するようにします。2000年の男女計と男性は2000年の値をそのまま参照し、女は、2000年のセル（2000）に1を加えたものになるようにします。

後はオートフィルで伸ばせば、女性のところには西暦、ほかはゼロが入ったデータができます。次に、数式を文字列に変換します（列をコピーして、同じ列に［形式を選択して貼り付け］→［値］とすればよい）。それから表全体を選択してデータタブの［並べ替え］で「0」と「西暦」を入力した列を［最優先されるキー］として、順序を［小さい順］とします。そうして並び替わった表から西暦のところ以外を削除します。

■ $ の使い方

オートフィルを使うときに便利な使い方に［$］があります。セルを参照する場合たとえば［=F4］という形はよくありますが、［=F$4］という形にしてオートフィルを使うと、列は更新されますが、行は常に「4」を参照します。指数を作る

ときには便利です。

	A	B	C	D
1		りんご	みかん	りんご／2000年のりんご（2000年を1としたときのりんごの動き）
2	2000	2	1	1
3	2001	3	2	1.5
4	2002	4	3	2
5	2003	5	4	2.5

> D2セルに=B2/B$2と入力してオートフィル機能を使って下に伸ばす。

■ 数字の単位の変更（桁数の調整）

　一度1000，100000などで割った数値を作り，形式を選択して貼り付け（値を選択）ます。

項目	単位：100万円
売上高	172970
営業利益	26067
経常利益	20469
当期純利益	11795
総資産	555259
株主資本	325797

項目	単位：億円
売上高	173
営業利益	26
経常利益	20
当期純利益	12
総資産	555
株主資本	326

(1) もとの表

項目	単位：100万円
売上高	172970
営業利益	26067
経常利益	20469
当期純利益	11795
総資産	555259
株主資本	325797

(2) 右の列に数字をコピーする。

(3) もとのセルに100で割った数値を計算式で入れる。

=(右のセル)/100

項目	単位：100万円	
売上高	1729.7	172970
営業利益	26.067	26067
経常利益	20.469	20469
当期純利益	11.795	11795
総資産	555.259	555259
株主資本	325.797	325797

(4) 計算した数値をコピーして同じ場所に，[形式を選択して貼り付け]を選び，文字列として貼り付ける。右の列は削除する。
(5) 単位を 100 万から億円に修正する。

項目	単位：億円
売上高	172.97
営業利益	26.067
経常利益	20.469
当期純利益	11.795
総資産	555.259
株主資本	325.797

■ Word への Excel の図表の貼り付け方

　Excel で作成した図や表を Word に貼り付ける方法には何種類かありますが，データは基本的に Excel で管理して，図表は画像として貼り付ける方が操作が簡単です。以下の方法です。

(1) Excel のグラフを選択して右クリック→［コピー］を選ぶ。
(2) Word を開いて，貼り付けたいところにカーソルを持っていく。
(3) ［ホーム］→［貼り付け］の▼印をクリック→［形式を選択して貼り付け］
(4) ［図（拡張メタファイル）］を選ぶ。

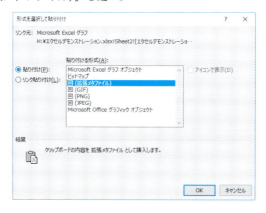

(5) Word に貼り付けたグラフを右クリック→［レイアウトの詳細設定］→［文字列の折り返し］→［レイアウト］画面。
(6) ［レイアウト］画面の［文字列の折り返し］タブ→［上下］をクリック。

(7)［レイアウト］画面の［位置］タブ→［文字列と一緒に移動する］のチェックをとる。

(8) こうしておけば，Word で文章を追加したときも，グラフの位置を自由に動かせます。

索　引

あ　行

一時的ダミー　139
移動平均法　36
因果関係　11

エラーコレクション（誤差修正）モデル　126

か　行

回帰係数　53
回帰平方和　67, 86
階差　125
外挿予測　96
加重最小二乗法　153
加重平均　27
仮説検定　11
片側検定　84

幾何平均　27
棄却　158
季節成分　33
季節ダミー変数　140
季節調整済系列　34
帰無仮説　63, 74, 83
共分散　43

区間推定　71
グレンジャーの因果関係　177

景気　12
経済指数　40
経済モデル　3
係数　10

係数ダミー　135
係数ダミー変数　135
系列相関　11, 85
ケインズ型消費関数　6
決定係数　66
原系列　33
検定　11, 158

鉱工業生産指数　35
恒常所得仮説　7
構造変化　88
公表　5
後方移動平均　175
コクラン・オーカット法　154
誤差　80
誤差項　10, 54, 82

さ　行

最小二乗法　54
最尤法　176
残差　54, 55
残差平方和　55, 86
散布図　99, 118

時間的な因果関係　51
識別　6
時系列分解　33
自然対数　121
実質値　38
実証分析　120
重回帰分析　104
重決定　63
自由度　69, 89, 110
自由度修正済決定係数　69, 110

主成分分析　128
循環成分　33
常用対数　121
信頼区間　78, 96

水準変化ダミー　139
推定上の誤差　82
趨勢成分　33
数値誤差　81
スペック　120

正規分布　23
説明変数　53
線形　120
全数調査　15
前年同期比　37

相関関係　45
相関係数　46
双曲線　132
操作変数法　156
測定誤差　81

た　行

ダービン=ワトソン比　85, 154
第 1 種の誤り　85
対数　121
対数線形　122
大卒求人倍率調査　165
第 2 種の誤り　85
対立仮説　83
多重共線性　126
ダミー変数　135
単回帰モデル　53
単純回帰モデル　53
中心移動平均　174

定式化　120
定常系列　174
定数項修正　168
定数項ダミー　135

定数項ダミー変数　135

統計上の誤差　80
トレードオフ　119
トレンド変数　142

な　行

内生性　156
内挿予測　96

は　行

パーシェ（Paasche）指数　40
パラメータ　10, 53

ヒストグラム　18
被説明変数　53
標準化変量　28
標準誤差　63, 71
標準誤差率　26
標準正規分布　75
標準偏差　16, 21, 22
標本調査　16
標本平均　24

フィリップス曲線　118
不規則成分　33
不均一分散　149
不偏性　116
不偏分散　22, 72
分散　20

平均　16
ヘドニックアプローチ　107
偏差　19
変動係数　27

母集団　16
母集団の平均　25

ま　行

マルチ・コリニアリテリィ　126

見せかけの関係　49
見せかけの相関　125

名目値　39

モデルビルディング　7

や行

有意　63, 75
有意水準　77, 83

曜日変動　33
予測　96
予測区間　96

ら行

ライフサイクル仮説　8
ラグ変数　145
ラスパイレス（Laspeyres）指数　40
ランダムウォーク　173

両側検定　84

ロジスティック曲線　168

数字・欧字

2次関数　121

ARIMAモデル　177
AR（自己回帰）モデル　172
BLUE　116
DW比　85
F検定　86, 160
MA（移動平均）モデル　174
p値　77
t検定　160
t値　64, 72
VAR　177
X-13-ARIMA-SEATS　36
Z値　75

著者紹介

小巻　泰之（こまき　やすゆき）【第1〜8講執筆】

1962 年	京都府生まれ
1986 年	関西学院大学法学部卒業
	日本生命保険相互会社
1988 年	ニッセイ投資顧問
1992 年	大蔵省財政金融研究所客員研究員
1994 年	ニッセイ基礎研究所主任研究員
2001 年	筑波大学大学院経営政策科学研究科博士課程（単位取得退学）
	日本大学経済学部助教授
2004 年	同　教授
現　在	大阪経済大学経済学部教授

主要著書

『経済データと政策決定――速報値と確定値の間の不確実性を読み解く』（日本経済新聞出版社，2015 年）

『世界金融危機と欧米主要中央銀行――リアルタイム・データと公表文書による分析』（共著，晃洋書房，2012 年）

『マクロ経済学をつかむ』（共著，有斐閣，2006 年）

『期待形成の異質性とマクロ経済政策――経済主体はどこまで合理的か』（共著，東洋経済新報社，2005 年）

山澤　成康（やまさわ　なりやす）【第9〜15講・付録執筆】

1962 年	広島県生まれ
1987 年	京都大学経済学部卒業
	日本経済新聞社データバンク局
1992 年	スタンフォード大学客員研究員（1 年間）
1997 年	日本経済研究センター短期予測班総括
2002 年	跡見学園女子大学マネジメント学部助教授
2009 年	同　教授
2016 年	総務省統計委員会担当室長，内閣府経済社会総合研究所上席主任研究官
2017 年	埼玉大学人文社会科学研究科経済経営専攻博士後期課程修了。博士（経済学）
現　在	跡見学園女子大学マネジメント学部教授

主要著書・論文

『逆転の日本力』（編著，跡見学園女子大学マネジメント研究会，イースト・プレス，2012 年）

『新しい経済予測論』（日本評論社，2011 年）

『プライマリー経済学入門　全10巻』（梅田雅信首都大学東京教授との共同監修，サン・エデュケーショナル，2008 年）

『実戦計量経済学入門』（日本評論社，2004 年）

"The Impact of the Great East Japan Earthquake on Japan's Economic Growth," *International Journal of Economics and Finance*, 7(8), 20-30, 2014 年7月

ライブラリ 経済学15講 [BASIC編] 9
計量経済学15講

2018年4月25日©　　　　　初 版 発 行

著　者　小巻泰之　　　発行者　森平敏孝
　　　　山澤成康　　　印刷者　杉井康之
　　　　　　　　　　　製本者　米良孝司

【発行】　　　　　株式会社　新世社
〒151-0051　東京都渋谷区千駄ヶ谷1丁目3番25号
編集　☎(03)5474-8818(代)　　サイエンスビル

【発売】　　　　　株式会社　サイエンス社
〒151-0051　東京都渋谷区千駄ヶ谷1丁目3番25号
営業　☎(03)5474-8500(代)　　振替　00170-7-2387
FAX　☎(03)5474-8900

印刷　ディグ　　　　製本　ブックアート
《検印省略》

本書の内容を無断で複写複製することは，著作者および出版者
の権利を侵害することがありますので，その場合にはあらかじ
め小社あて許諾をお求め下さい．

ISBN 978-4-88384-274-2

PRINTED IN JAPAN

サイエンス社・新世社のホームページのご案内
http://www.saiensu.co.jp
ご意見・ご要望は
shin@saiensu.co.jp　まで．